Insupportables pratiques

Guide d'action pour lutter contre
les abus de pouvoir, les manipulations…

Éditions d'Organisation
Groupe Eyrolles
61, Bd Saint-Germain
75240 Paris Cedex 05
www.editions-organisation.com
www.editions-eyrolles.com

Chez le même éditeur :

Ken Blanchard, Sheldon Bowles, *Un indien dans l'entreprise.*

Jean-Christian Fauvet, Marc Smia, *Le manager joueur de go.*

Christian Mayeur, *Le manager à l'écoute de l'artiste.*

Eugénie Vegleris, *Manager avec la philo.*

Patrick BOUVARD - Jérôme HEUZÉ
Illustrations de BUSTO

Insupportables pratiques

Guide d'action pour lutter contre
les abus de pouvoir, les manipulations…

EYROLLES

Éditions d'Organisation

Biographies

Philosophe de formation, **Patrick Bouvard** est depuis quinze ans consultant en stratégie et communication, spécialisé dans les problématiques d'argumentation. Rédacteur en chef de rhinfo.com, il est également auteur de quatre ouvrages :

- *Knowledge Management, vade mecum*, en collaboration avec Patrick Storhaye, directeur de la stratégie RH d'ADP-GSI, EMS, 2002.
- *Le stress, cet ami caché*, Éditions d'Organisation, 2003.
- *Insupportables collègues*, en collaboration avec Jérôme Heuzé, Éditions d'Organisation, 2004.
- *RH fiction et réalités*, en collaboration avec Jean-Pascal Arnaud, DRH du groupe Chantelle, Éditions d'Organisation, 2005.

Parallèlement à son métier de comédien, **Jérôme Heuzé** est consultant en formation et communication, également spécialisé en argumentation. Il intervient depuis dix ans sur ces sujets auprès d'un vaste public (étudiants, enseignants, managers, directions, fonctionnaires européens, compagnies théâtrales, …).

Titulaire d'un DESS de Sciences Économiques en développement local, **Yvan-Marie Houssard** a eu des responsabilités importantes dans le monde institutionnel et public, au niveau local, régional et national dans les secteurs du commerce et de l'artisanat : Délégué régional au commerce et à l'artisanat dans plusieurs régions, notamment en Languedoc-Roussillon où il a été le concepteur de l'Archipel des Métiers d'Art, il a été conseiller technique de Marylise Lebranchu, lorsqu'elle était ministre, puis responsable d'une structure nationale de promotion et de développement des métiers d'art (SEMA).

Il vient de créer, à Arreau dans les Hautes-Pyrénées, avec son épouse, un pôle multiculturel où il présente une vitrine des savoir-faire d'excellence du massif pyrénéen et du grand sud de la France et où il organise des expositions mettant en symbiose métiers d'art et littérature.

LIS'ARTS-Arreau (65240). Site : www.lisarts.fr

Dessinateur hors normes, **Busto** présente un profil atypique : cadre dirigeant dans une grande entreprise, il y aiguise chaque jour un peu plus son regard sur le monde des affaires. Un regard d'acteur d'abord impliqué, parfois cynique, souvent pertinent, ... et toujours impertinent. Diplômé d'une grande école de commerce, Busto a occupé des fonctions de consultant en management, de DRH et de chef d'entreprise. Cette expérience fait de lui un observateur averti et privilégié, mais qui a su conserver son espièglerie et son indépendance de pensée.

Site : www.LeMondeDeBusto.com

Sommaire

Préface

Yvan-Marie Houssard

« *Laissez-nous travailler !* » Voilà bien une supplique pour inviter les décideurs, acteurs économiques et politiques, à penser et agir avec bon sens. À « *bien penser* », selon l'expression d'Edgar Morin, pour agir droitement et efficacement. Voici vraiment des propositions pragmatiques pour aller de l'avant, pour construire sans sectarisme une nouvelle démarche sociétale privilégiant le toujours mieux au toujours plus ; ce « toujours plus » qui constitue le maître mot de la pensée unique que l'on nous sert jusqu'au dessert… jusqu'au désert !

Vous avez entre les mains un ouvrage qui préconise l'exigence d'une gestion libérale du Bien Commun, dans un univers où l'économie semble irrémédiablement plongée dans une guerre mondialisée et impitoyable. Il s'agit de mettre nos panoplies à jour et de contribuer à l'esquisse d'un renouveau du travail qui nous dévoile des croquis inattendus ; des perspectives où la dimension humaine est considérée à son juste titre. C'est du bon boulot, du « bel ouvrage », dénotant franchement dans une actualité où les manichéistes de tout poil s'autorisent à sortir – voire à s'essayer de chanter – les tubes de notre star académie politicosociale : mais c'est nous qui déchantons, à force de refrains surfaits aux voix de faussets !

La clarté de l'écriture met en avant les esprits libres des auteurs, qui se sont exprimés en évitant la langue de bois et le politiquement correct. Et puis… quelle ironie de circonstance ! En un temps où toutes les librairies de France – y compris la mienne ! – ont des pans entiers de présentoirs ressemblant à des bureaux de vote, où chacun promeut une production abondante de bouquins stipulant promesses, analyses et essais, ce livre devrait avoir une place de choix. Il propose en effet, à mes yeux, de nouvelles valeurs politiques et économiques. J'ai si souvent remarqué, à quelques rares exceptions près, une confusion entre méthode et contenu ; à coup sûr, ici, ce n'est pas le cas !

Cet ouvrage est un innovant corpus où l'intelligence économique, sociale et territoriale est construite à partir d'une alternative authentiquement libérale... à l'ultra-libéralisme économique. Le paradoxe apparent ne persiste que pour ceux qui ont oublié – et Dieu sait qu'il s'en trouve – ce que la notion même de libéralisme doit à celle de liberté humaine ! Viser l'accroissement de la richesse est une valeur solide, mais elle ne peut s'envisager *durablement* qu'à partir d'une répartition équitable, privilégiant l'épanouissement de tous les hommes. Chacun a besoin d'être reconnu, respecté et considéré. L'empathie véritable et l'amitié constituent aujourd'hui une exigence incontournable pour gagner en efficacité, dans l'harmonie.

En prenant un peu de champ, il me semble que la grande erreur du libéralisme est en définitive la même que celle du marxisme : elle est d'avoir occulté le rôle de l'homme ; le sens de l'homme. L'ironie de l'Histoire est parfois savoureuse ; comme si l'on pouvait ignorer que les relations humaines tissent notre présent et notre avenir, au-delà de toute idéologie ; comme si l'on pouvait négliger le fait que les individus peuvent s'humilier ou s'entendre, détruire ou construire. Il n'est que d'observer l'actualité du monde !

Revenant sur ma propre expérience, je voudrais évoquer ici l'exemple de notre administration française. Je pense bien la connaître, l'ayant servi pendant tant d'années, jusqu'à en éprouver même la lâche ingratitude. Cela me touche, car elle se trouve – me semble-t-il – en état de grande souffrance. Sans avoir la prétention de donner des leçons d'humanisme et de politique, je me permettrai de citer Roger Fauroux, ancien ministre de l'industrie, qui affirme[1] que la fonction publique est devenue « *un bloc d'improductivité* », malgré des équipes méritantes ; parce que cette administration n'a pas su intégrer les dimensions clés de la modernité.

---

1. *Notre État, le livre vérité de la fonction publique*, éd. Pluriel, 2002.

En effet, au lieu de développer l'esprit d'initiative, les viviers d'innovation, les logiques de réseaux, la transmission et le partage des informations, le décloisonnement… la fonction publique a produit encore et encore de ces règlements qui complexifient son travail et celui de ses partenaires : citoyens, associations et entreprises. L'effet de cette dynamique autarcique et morbide paralyse son objet même dans une complexité tant inutile que stérile. Le risque, souvent avéré, est d'en faire un monde à part, un ghetto qui renferme – selon mes convictions – trop de privilégiés non conscients de leurs avantages. Beaucoup de responsables pensent avant tout à leur carrière, avec un sentiment d'invulnérabilité, et sont de ce fait de plus en plus éloignés des véritables préoccupations des Français. En revanche, beaucoup de fonctionnaires sont désireux de sortir de leur solitude administrative pour participer à des missions utiles et valorisantes pour eux-mêmes et pour le pays ; mais ils se heurtent à ces « insupportables pratiques » qui sapent jusqu'au sens du travail ! Ce décalage favorise l'inertie et l'apathie d'un personnel de plus en plus mal employé. L'incohérence du système, à force de contradiction, conduit aux abus de pouvoir, à la déresponsabilisation de chacun, et pour finir à l'incompétence partagée. L'État n'arrive plus à imposer ses réformes, même quand elles sont bonnes ; et son administration en est déboussolée. En fait, il faut bien le dire, l'État ne parvient plus à assurer son rôle : négligeant ses devoirs régaliens les plus basiques, il s'immisce de plus en plus dans des sujets et des fonctions qui ne relèvent pas de ses compétences, et essaye de tout imposer et tout contrôler. Cela génère des freins – c'est un euphémisme – aux institutions encore opérationnelles. Il devient urgent de stopper cette cacophonie qui profite à une minorité de fonctionnaires… parasitant l'ensemble.

Mais au risque de choquer, je pense qu'il en va exactement de même dans les entreprises. L'écart entre le public et le privé s'amenuise de jour en jour. L'hypothèque des compétences et des initiatives est le drame de ces directions qui n'hésitent pas à mettre au placard leurs meilleurs éléments si ceux-ci se démarquent ; ou simplement risquent de faire de l'ombre à leur hiérarchie. Je pense notamment aux carriéristes sans scrupule, aux intrigants qui profitent et alimentent les dysfonctionnements multiples et variés pour se promouvoir ou se maintenir malgré leurs incompétences. Alain Etchegoyen dans son remarquable livre intitulé *Votre devoir est de vous taire* site les propos de Pierre Guillaumat : « *L'une des différences les plus profondes entre la France et les USA, dans le public comme dans le privé, est qu'en France, quand quelqu'un est nommé quelque part, il commence par travailler sur ses frontières pour voir comment il va pouvoir piquer un territoire à son voisin ; aux États-Unis, il travaille toujours au cœur de son territoire* ».

Face à ces avatars, les propositions mises en avant par Patrick Bouvard et Jérôme Heuzé permettront à un grand nombre de lecteurs – et je l'espère aussi aux futurs décideurs politiques – de remettre en cause certaines de leurs certitudes, au demeurant souvent concoctées par leurs appareils administratifs. Elles répondent aux attentes de salariés et de Français désorientés, dénonçant la nocivité de ces insupportables pratiques qui asphyxient nos administrations, nos entreprises et nos structures institutionnelles. Elles nous invitent à sortir de notre aveuglement et de notre surdité en nous proposant de lutter contre les trois mamelles des dérives que nous subissons : les abus de pouvoir, la déresponsabilisation organisée et l'incompétence partagée. Celles-ci ont provoqué l'éclosion et le développement de ce que je nommerai en définitive « la médiocratie », suivie de ses multiples pouvoirs de nuisance.

Oui, ce livre est un manifeste pour une nouvelle forme d'économie qui pourrait enfin émerger dans notre espace mondialisé. Il nous pousse à apporter de nouvelles solutions pour mettre un frein à cette spirale du « toujours plus » qui fabrique le monde des laissés pour compte, un monde de médiocrité et d'hypocrisie. De nombreuses préconisations, fortes et facilement applicables, se dégagent ainsi devant nous. J'y découvre un nouveau concept : celui d'une société libérale équitable, c'est-à-dire sans dérive, justement « libérée ».

Ce type de propositions est trop rare pour qu'on ne s'en réjouisse pas.

Avant-propos : **action** !

Après *Insupportables collègues*[1], voici donc des insupportables pratiques ! Non que nous cultivions un goût particulier pour les lourdeurs de
notre temps, mais justement pour tenter de restaurer un peu de légèreté
dans ce qui tisse nos rapports avec l'entreprise... et occupe une bonne
partie de nos journées !

Nous avions évoqué, au demeurant, ce que la cristallisation de comportements humains insupportables devait à la violence des organisations
modernes. Au-delà des dérives personnelles liées au caractère de
chacun, l'évolution même de la structure peut favoriser, voire encourager l'émergence de pratiques communes insupportables, pratiques
d'ailleurs nommées, identifiables et instituées.

Nous pensons donc utile d'attirer l'attention sur la nocivité de ces pratiques, d'autant plus dangereuses qu'elles passent souvent inaperçues, et
sapent au quotidien la performance de nos entreprises, de nos associations comme de nos administrations. L'enjeu est de taille, sachant qu'il
nous apparaît possible, avec un peu de bon sens, de s'en départir.

L'actualité des organisations nous permet ainsi d'identifier clairement
ces « *worst practices* » et de vous en donner les caractéristiques les plus
marquantes. Nous avons choisi de vous les présenter selon l'ordre de
leurs conséquences les plus néfastes :

• les abus de pouvoir qu'elles justifient,

• la déresponsabilisation des personnes qu'elles encouragent,

• et l'incompétence partagée qu'elles dispensent.

---

1. Éditions d'Organisation, 2004.

Dès qu'il s'agit de pratiques managériales, par exemple, les modes s'exercent sans discernement et la routine creuse la lente aliénation des consciences, finissant par nous faire accepter, mi par aveuglement mi par lassitude, l'insupportable. Il est vrai que la pression constante du court terme et des modèles de gestion qui nous assaillent n'est pas pour favoriser la prise de recul...

La machine à broyer les personnes que peut rapidement devenir une entreprise moderne a tout à gagner à s'interroger sur ses dérives, ainsi que nous l'avons maintes fois observé dans notre pratique de consultants. C'est le professionnalisme de toute l'organisation qui s'en trouve renouvelé !

Loin de toute prétention systématique, nous avons sélectionné quelques-unes de ces insupportables pratiques, non pour distribuer ici et là des leçons de morale, mais pour montrer qu'il est assez aisément possible d'améliorer la vie professionnelle et, partant, l'efficacité des personnes.

Le contexte de la mondialisation économique n'aide en rien les décideurs à prendre en compte ce genre de réflexions, bien au contraire. Là, soudainement, ils ne se soucient plus des *« best practices »* ! Le gâchis qui en résulte explique largement, à nos yeux, le discrédit inquiétant dont souffre indûment le travail. Il explique également le coût colossal de toutes les démotivations mises bout à bout, à tous les niveaux et à chaque échelon.

Et si nous essayions d'être lucides et de faire bouger un peu les choses, chacun à notre place ?

Ce livre est parti de cette intention. Il est destiné à l'action.

Introduction : **construire** !

Comment en arrive-t-on à ces insupportables pratiques que l'on voit se développer dans les entreprises, dégradant du même coup le lien social dont elles sont censées tisser la trame ?

À notre avis, c'est moins par volonté perverse – c'est même tout le contraire, chacun voulant que « ça marche » – que par dérive normale : une sorte d'érosion naturelle des civilisations qui ramène régulièrement l'homme à ses instincts les moins élevés... Ce n'est certes pas nouveau, mais il est intéressant de constater par quel biais original cette réalité a pénétré aujourd'hui le cœur même des entreprises et de leurs modes d'organisation. Il est également frappant de constater qu'associations et administrations n'échappent pas à ces travers si contemporains !

Et dans la période socio-économique que nous traversons, c'est bien l'instinct belliqueux qui semble particulièrement mis à l'honneur, justifié en cela par l'avènement de la mondialisation. On ne cesse de nous le seriner : nous sommes en guerre... économique. C'est d'ailleurs avec un discours désormais quasi militaire que nombre d'entreprises accueillent leurs nouveaux embauchés !

Mais la notion de « guerre », dans l'économie néolibérale, reçoit une extension qu'elle ne possédait pas auparavant : presque une réalité civile, normale et bénéfique, « au service des populations »... dit-on. Cela ne nous semble au contraire qu'engendrer chaos et perte de sens. Et voilà probablement une des racines principales de la soi-disant légitimité des pratiques que nous dénonçons : une fin qui justifie **tous** les moyens.

Nous voulons bien considérer que la concurrence exacerbée – qui doit en théorie servir le client – s'apparente à une compétition nécessairement sans merci ; mais si les comportements qui y président aujourd'hui conduisent à parler de « guerre », ce n'est pas par simple dérive sémantique. Ses avatars le rappellent suffisamment, que nous pouvons observer aussi bien dans la gouvernance et le management des entreprises que dans une situation boursière surréaliste.

Précisons tout de suite que cette critique ne vise pas l'économie libérale en elle-même, l'Histoire en ayant fort heureusement établi le bien fondé face aux collectivismes de tout poil... Elle s'attaque plutôt à cette sorte de libéralisme que l'on peut à bon droit qualifier de « sauvage » : c'est-à-dire précisément au libéralisme qui lutte insidieusement contre l'état de droit, au profit d'une dérégulation maximale du marché, corollaire funeste et réel d'un « état de guerre » !

Il semble bien que la guerre « néolibéraliste » engendre les mêmes effets que toute guerre classique :

- Elle excite les plus bas instincts des hommes en situation de pouvoir, les incitant à la mégalomanie, aux abus et aux profits personnels les plus excessifs.

- Elle soulève dans l'opinion de ceux-là mêmes qui la croyaient juste – et qui la finançaient ! – un certain nombre de doutes, de crainte de surenchères et d'escalade... une impression de plus en plus précise de tromperie et, au final, d'inutilité.

- Elle atteint et marque de façon indélébile les populations et les personnes les plus exposées et les plus faibles.

Si nous revenons au sens le plus objectif du terme, plusieurs caractéristiques spécifient, en effet, l'état de guerre :

- Un état de conflit qu'on ne peut – ou qu'on ne veut – immédiatement résoudre dans une négociation, une alliance ou un partenariat. Les accords seront pour plus tard... en position de force.

- Une violence qui vise la destruction des points vitaux de l'adversaire et la prise de possession de son camp, de ses forces et de ses infrastructures.

- Une volonté d'hégémonie et de domination qui ne laisse pas de possibilité d'indépendance ou de vie propre à l'adversaire (elle avale au passage, sans même avoir besoin de combattre, ceux qui n'ont pas les moyens de résister). Les accords futurs auront d'ailleurs pour tâche d'entériner cette situation comme « normale ».

- Dans ce cadre, la guerre autorise des pratiques et des manipulations qui ne s'encombrent plus de loyauté, de transparence... ou tout simplement de toutes les considérations éthiques et sociales qui affectent habituellement les relations pacifiques.

- Les dégâts collatéraux touchant les réalités sociales et civiles sont passés par pertes et profit, au nom d'une raison d'État... ou d'une raison de groupe ou d'entreprise, pour rester dans notre champ de réflexion.

On pourrait évidemment mentionner bien d'autres choses encore, mais ces quelques points suffisent à notre propos : chacun aura fait de lui-même les rapprochements qui s'imposent. **Les insupportables pratiques que nous avons rencontrées constituent en fait les dommages collatéraux de cet état de guerre.**

Pour bien comprendre, il faut saisir les six points fondamentaux qui constituent la trame de cette guerre d'un nouveau genre :

- Une vision orientée du « Marché » – presque devenu une réalité mythique, au-dessus de tout pouvoir humain –, qui fait naître une pensée unique nous inspirant une même manière de vivre, de se faire valoir... et de mourir (à la « guerre » économique... comme à la guerre !). Elle nous rend fatalistes et cyniques, résignés dans les difficultés et dans la « mort ».

- Un « temps » artificiel, qui n'est plus réglé par le long terme ou un ordre d'importance réel, mais par le terme le plus court et l'ordre tyrannique de l'urgence. Un temps qui n'est plus celui de la vie, mais celui de l'objet et de l'argent.

- Un « espace » de plus en plus virtuel, où les distances semblent supprimées, chacun devenant près de tout... et proche de rien ! Un espace dont toute proximité, en fait, a été évincée, au profit de la confusion : on ne sait plus « qui » est « où » et fait « quoi », pour ce qu'on est en train d'acheter ou de vendre... à cet endroit-là ! Ni « pourquoi » d'ailleurs... si ce n'est pour sa survie, sans 35 heures (ni

39, ni même 45 !), ni vacances, ni Sécu, ni salaire décent (mais il est vrai que tout est relatif !). Nous en connaissons qui appellent cela « le partage du travail » ! Il fallait oser... mais la guerre justifie tout.

- Les avantages et faveurs, pour ceux en particulier qui sont soumis ; et pour tous les hommes qui collaborent, en général. Par contre, la gestion « optimale » des ressources, l'absence d'état d'âme, le « toujours plus » des résultats et du rendement : telles sont les qualités qui doivent caractériser celui qui est revêtu de la dignité de Général... pardon : de « Manager » ou mieux encore de « Directeur ».

- La GRH « moderne ». Mais laissons plutôt, à ce sujet, parler Sun Tsu (quelque vingt-cinq siècles avant le nôtre...), dans *L'art de la guerre* : « *Posséder l'art de ranger les troupes* (ranking) *; n'ignorer aucune des lois de la subordination et les faire observer avec rigueur* (mobbing) *; être instruit des devoirs particuliers de chacun de nos subalternes* (management par objectif) *; savoir connaître les différents chemins par où on peut arriver à un même terme* (manipulation) *; ne pas dédaigner d'entrer dans un détail exact de toutes les choses qui peuvent servir* (indicateurs)*, et se mettre au fait de chacune d'elles en particulier* (reporting)*. »*

- La Stratégie. Elle est, comme dit Von Clausewitz, « *l'usage de l'engagement aux fins de la guerre.* » Elle mesure donc l'implication personnelle de chacun, qu'elle appelle : « appréciation de la performance ». C'est-à-dire qu'elle établit le plan de guerre et fixe, en fonction du but poursuivi, une série d'actions propres à y conduire ; « *elle élabore donc les plans des différentes campagnes et organise les différents engagements de celles-ci.* »

Évidemment, les entreprises ne possédant pas la discipline des armées, des écarts se creusent entre la troupe et le commandement. Encore qu'à la différence des armées, le commandement n'a que rarement, dans cette guerre, besoin de la troupe. Les troupes se composent, se recomposent, se décomposent au fil du combat des chefs et des effets de la guerre, appelés pudiquement « conjoncture ». Quant à ceux qui veulent devenir chefs, ils devront se montrer plus impitoyables que les autres, non seulement vis-à-vis de l'adversaire, mais aussi de la troupe elle-même.

Mais la dernière caractéristique de la guerre est qu'elle finit toujours par détruire sa propre raison, et par servir des finalités opposées à celles qui l'ont fait déclarer : on voulait la libre concurrence... on aboutit au monopole ; on voulait mieux servir le client... on ne lui livrera que des choix artificiels ; on voulait libérer l'initiative... elle est tuée dans l'œuf par l'exigence d'hégémonie ; on voulait créer de la valeur... on aboutit au doute sur la notion même de « valeur » ; etc. : on pourrait continuer longtemps !

L'aventure se finira probablement par une sorte de grand collectivisme économique, où chacun devra tenir son rôle dans la plus stricte conformité au système ; une espèce de « bloc de l'ouest » avec des murs autour, et une milice pour y maintenir l'ordre et l'interdiction de penser. Alors ce sera la « paix »...

Nous n'en sommes heureusement pas encore là, et l'hydre peut s'effondrer entre-temps. Mais pour le moment, l'avenir est encore à la guerre ; une guerre qui a tendance à détruire non seulement les personnes, mais aussi les organisations elles-mêmes, et ce, de trois façons :

- en laissant le pouvoir dériver vers tous les abus qui lui sont naturels ;

- en déresponsabilisant, par voie de conséquence, les acteurs en présence ;

- en dispensant, au final, l'incompétence partagée.

À tout le moins pouvons-nous tenter de décrire, en suivant cette logique implacable, les insupportables pratiques collatérales qui en résultent le plus souvent. Nous espérons ainsi en réduire la nocivité et – pourquoi pas ? – rendre la situation un peu plus supportable, voire dans certains cas carrément constructive.

En y regardant de près, c'est une œuvre humanitaire ! En effet, du panorama d'ensemble que cette situation permet d'esquisser, il ne s'agit de rien d'autre, finalement, que d'interroger à nouveau les racines du système dans lequel nous nous débattons tant bien que mal, pour appréhender le meilleur côté des pratiques libérales ; et la liberté qui, ne l'oublions pas, en inspire le sens. Ce sont bien les personnes humaines qui en sont alors la raison et la finalité.

Nous pensons précisément que la pierre d'achoppement de toutes les pratiques que nous avons décrites, qui les amène à dériver jusqu'à instrumentaliser purement et simplement les personnes humaines, réside dans la forme de relation interpersonnelle imposée par la pensée unique néolibérale : une forme de rapport qui interdit, peu ou prou, toute dimension d'amitié.

Qu'on nous comprenne bien : nous ne parlons pas de copinage ou de cette sorte de sympathie que même les coquins finissent par faire émerger d'une empathie coupable, intérêts obligent. Il s'agit de savoir si l'amitié, qui exprime ce qu'il peut y avoir d'inconditionnel dans les rapports humains, peut encore aujourd'hui opposer sa force de résistance et de construction pour restaurer de vraies pratiques libérales d'une part, et édifier un avenir durable d'autre part.

Il y a là, à nos yeux, un enjeu majeur – un altermanagement – pour que le libéralisme ne s'effondre pas sur lui-même.

Le pouvoir
et ses abus

« C'est l'instinct de l'abus de pouvoir qui fait songer si passionnément au pouvoir. Le pouvoir sans abus perd le charme ».

PAUL VALERY

Le constat le plus immédiat, peut-être parce qu'à nos yeux le plus choquant, réside dans les abus de pouvoir que l'organisation ou certaines personnes s'arrogent, en détournant des outils managériaux en vogue ou des programmes RH. Ceux-ci sont souvent importés d'outre-Atlantique sans le moindre discernement, et parfois conçus par nos propres errances « made in Europe »... sans aucune exception française en la matière !

Quand on regarde la kyrielle de concepts qui ont ravagé les entreprises, des reengineering aux empowerment... et autres downsizing, on ne peut être que très méfiant vis-à-vis de ces pratiques approximatives ! Du reste, les brillants inventeurs de ces modélisations para-intellectuelles ont à peu près tous fait marche arrière pour dénoncer les ravages en question ou – plus pudiquement – expliquer qu'on avait détourné leur pensée d'origine : Michaël Porter a déclaré que « *ce qu'ont fait les entreprises au cours des dix dernières années où l'on a vu l'accélération de la globalisation, de l'Internet et de l'externalisation n'a rien à voir avec la compétition.* » Michaël Hammer tempête : « *Quand je vois qu'au nom du reengineering on se débarrasse des gens, cela me met en colère parce que ce n'était pas l'esprit.* »[1] James Champy, ex-chantre du downsizing, a reconnu que le « nouveau reengineering » n'était souhaitable que « *si les salariés étaient associés au changement* »[2]. Sydney Finkelstein explique comment des grands patrons mondialement adulés ont conduit leur entreprise à la débâcle[3]. Peter Drucker n'a cessé de répéter depuis des années que le processus humain devait l'emporter sur la seule logique économique[4]. Quant à Henry Mintzberg, il estime urgent de revoir la gouvernance des entreprises. « *Le marché devient complètement incontrôlé* », affirme-t-il[5].

S'il y a une chose que l'expérience nous apprend, c'est qu'il faut distinguer l'intention d'un outil de l'usage que l'on en fait. Combien de bonnes

---

1. *Carnet de route pour manager,* 2002.
2. Cité par *Le Monde* du 15 octobre 2004.
3. *Quand les grands patrons se plantent,* 2004.
4. *The Essential Drucker,* 2001.
5. *Pouvoir et gouvernement d'entreprise,* 2004.

idées et de modèles virtuellement intéressants se sont transmués en fiascos opérationnels ou en instruments d'inhumanité !

Les modes managériales véhiculent leurs lots de dérives. Faute de pouvoir les dépeindre toutes, nous en avons retenu quelques-unes, dans cette première partie, qui nous semblent les plus caractéristiques de l'errance du pouvoir : elles visent toutes à dominer et asservir les personnes humaines au-delà de la logique contractuelle qui préside normalement à une relation de travail civilisée. Elles reflètent par là une tendance générale fort fâcheuse…

Les modes managériales, ou le pouvoir du vent

Le management n'en finit décidément plus de se chercher un modèle, ou plus exactement des recettes toutes faites. C'est ainsi que diverses modes reviennent régulièrement en force, avec des objectifs relookés et quelques trouvailles plus « frenchies » ! Toutes ces pratiques visent à élargir le spectre des performances de nos cadres apparemment trop coincés, dans une optique à tendance « express yourself in all the dimensions off your personnality with what you are »[1]. Ça vous fait rêver, non ? Si ! Normal : c'est fait pour...

Une pratique insupportable

Nos grands quotidiens rapportent régulièrement dans leurs colonnes de quelle façon certains cabinets se sont trouvé un fond de commerce sur le juteux marché de l'« incentive » en entreprise. Il s'agit, avec force imagination, de développer pêle-mêle : la créativité des cadres, leur combativité et leurs qualités cachées. C'est ainsi que l'on vous propose des cours d'aérobic mental destinés à développer votre efficacité neuronale ; des stages plus ou moins extrêmes pour relever des « challenges » sur vous-mêmes ; ou des séances psychosensorielles de tout acabit visant à mieux vous connaître. Enfin, précisons : visant à ce que « vous » vous connaissiez mieux. On ne va quand même pas supposer que les RH puissent, au besoin, se servir de

---

1. Est-il vraiment besoin de traduire !?

ces conclusions contre vous, en cas de mobbing par exemple. Ce serait vraiment avoir l'esprit mal tourné... non ?[1]

Bref, moins de rationalité et plus d'émotionnel, tel est le mot d'ordre que l'on entend désormais dans les organisations. Ceux d'entre vous qui n'auraient pas constaté eux-mêmes le caractère opérationnel de ce mot d'ordre sont priés de le diffuser autour d'eux, afin de le faire appliquer à la lettre.

Outre des méthodes pour scruter son moi intérieur, développer son intelligence émotionnelle ou s'initier au yoga – et pourquoi pas ? Tout cela peut s'avérer très utile – on voit revenir en force les stages dits « hors limites », qui avaient fleuri dans les années 1980 du siècle dernier. Peut-être vous souvenez-vous : saut à l'élastique ; simulations d'actions commando ; courses d'orientation ; le tout mâtiné de paint-ball et de 4 × 4 démocratisé. Ils avaient peu à peu été délaissés, leur efficacité laissant finalement a désirer. Mais que voulez-vous, le propre des modes est de revenir régulièrement dans les collections. Et ce qui est « ringard » aujourd'hui a toutes les chances de redevenir « hype » demain ! Trois exemples – absolument authentiques – : aviez-vous davantage « l'esprit de décision » lorsque vous vous étiez élancés dans le vide avec un élastique accroché aux pieds ? Rien n'est moins sûr ! Étiez-vous « débloqués mentalement » lorsque vous aviez debriefé avec vos collègues votre contre-performance due au vertige en plein milieu du mur d'escalade ? Nous vous laissons juges ! Étiez-vous devenu un chef d'équipe plus performant parce que vous aviez joué à Rambo pendant trois jours dans la forêt de Fontainebleau ? Bof, bof...

Il est aussi de bon ton de filer la métaphore sportive, sans coup de tête, bien sûr, mais dans l'esprit, rassurez-vous : quand ce n'est pas sur un pré en plein air, c'est par des conférences données par diverses stars des podiums, rémunérés à prix d'or pour l'occasion. Et alors ? On demande bien à Johnny de donner son avis sur les trente-cinq heures ! Pourquoi ne pas avoir recours aux sportifs, qui s'y connaissent en compétition, pour conseiller les entrepreneurs européens qui ont besoin d'être plus

---

1. La personne à qui c'est arrivé se reconnaîtra... Pour les autres, sachez que toute similitude avec une situation existante ou ayant existé serait purement fortuite !

adaptables et « punchy » pour braver la compétitivité mondialisée ? Il est certain qu'il vaut mieux avoir un mental d'athlète pour affronter fusions et restructurations en tout genre et faire partie des équipes gagnantes ! Et puis l'ambiance de vestiaires, ça rapproche, non ? !

Remarquez, l'offre propose d'autres types de journées plutôt sympas :

- Déclamer des vers et des répliques de théâtre : le stage est-il réservé aux cadres un peu insubordonnés ? *To be or not to be,* bien déclamé, c'est vrai que ça fait drôlement réfléchir !

- Réaliser un roman-photo en se fixant de fortes contraintes de scénarii… Pour ceux qui ont besoin de comprendre qu'il s'agit d'essayer de se recentrer sur leurs objectifs. L'angle de vue de chaque photo est-il aussi contraint, histoire de tout regarder sous le même biais ? Et la profondeur de vue, alors ? !

- Réaliser un repas gastronomique dans les cuisines d'un grand restaurant : ça, c'est quand le boss fait lui-même la synthèse du stage. Cela peut promettre de lumineuses prises de conscience (gastronomique, bien sûr) quand à l'apprentissage de la cuisine interne.

- Faire travailler les cadres sur le thème de l'orchestre… réservé à ceux qui ont un peu trop tendance à dénoter ou à improviser tout seuls, pour bien comprendre que même le joueur de triangle à sa partition à jouer dans la symphonie organisationnelle.

- Des stages de formatage dans divers lieux de haute spiritualité religieuse… pour ceux qui auraient des problèmes de mauvaise conscience dans ce que leur impose le business. Il paraît qu'ils ne supportent plus de dormir les yeux ouverts : ce n'est pas bon pour la performance.

Mais les choses se gâtent à partir du moment où les organisations justifient ces pratiques « hype » en brandissant les sacro-saintes valeurs d'entreprises, notamment liées à l'univers sportif : performance, excellence et élitisme. On est loin de l'émotion partagée et de la créativité à portée de tous. Il s'agit bien d'appuyer encore une fois et avec ambiguïté sur le modèle du cadre sans faille, victorieux à tout coup, prêt à tous les sacrifices pour réussir et dont toute contre-performance ou passage à vide est légitimement inadmissible, sous peine de sanction expéditive... comme en sport !!!

On comprend mieux ce que peuvent cacher ces modes aux quatre vents : une matrice qui justifie une fois de plus la suprématie du « toujours plus » sur l'« encore mieux ». Bref, une manière détournée de faire valoir la légitimité du pouvoir au détriment de la personne : pensée unique, formatage éthico-sportivo-vive-le-bien-être, valeurs identiques, autre forme de sacrifice sournoisement institutionnalisé... Quand les moules durs ne marchent plus, il faut prendre des moules mous. L'émotion partagée comme vecteur de l'uniformité et de la subordination : il fallait y penser ! Le « meilleur des mondes » qui façonne un homme nouveau...

Un peu de bon sens !

Bon, soyons clairs : il est évident que l'activité intellectuelle se travaille et que l'on peut développer ainsi certaines facultés, la mémoire en particulier. Mais nous croyons qu'il s'agit plus d'une culture qui se nourrit et se développe que de petits jeux débiles qui infantilisent les personnes. Nous convenons les premiers que les cadres ont un impérieux besoin, pour lutter contre la déculturation générale que leur impose l'entreprise moderne et ses conditions de travail, de maintenir peu ou prou une exigence intellectuelle, artistique, voire pourquoi pas spirituelle…

Il est également très certain que les pratiques sportives ou assimilées permettent de développer une saine combativité, une maîtrise de soi en situation difficile et une certaine résistance au stress. Mais appliquées sans discernement, elles favorisent la continuité d'un même système, sans permettre de l'interroger ni de le faire évoluer sur le fond. Ce qui faisait déjà dire avec raison à Jean-Pierre Le Goff, sociologue, dans un article du *Monde* du 20 février 2001 : « *Les entreprises collent* (toujours et encore !) *à l'air du temps et cela peut être compris comme une forme de marketing gratifiant pour l'entreprise. Quant aux leçons qui peuvent en être tirées pour le management, il me semble que les entreprises sont toujours à la recherche de recettes miracles et que le rapprochement avec le sport peut être un habillage pour un management de plus en plus défaillant.* » Bien vu !

Mais, évidemment, on en finit par confondre méthodes véritables et techniques toutes faites. Et donc par faire l'amalgame entre nouveauté et progrès, dont l'étymologie traduit « l'action d'avancer » et dont la définition s'énonce comme « *un changement d'état qui consiste en un passage à un degré supérieur* ».

En tous les cas, ce dont nous sommes sûrs, c'est que ce n'est pas en prenant les professionnels pour des imbéciles ou des demeurés aux QI et QE de crustacés qu'on va les former ou leur donner les moyens de se cultiver ! Et ce n'est pas en les transformant en Rambo occasionnels, même ayurvédiques, que l'on va leur permettre une adaptabilité plus grande aux contradictions qui tendent à régir nos organisations contemporaines.

Ces effets de mode, associés à un jargon pseudo-spécialiste surfait, un verbiage pompeux et compliqué, un éclectisme des références adjoint à des bribes de théories encombrent effectivement le domaine RH d'un semblant de culture qui en obscurcit les enjeux. Nombreux sont ceux qui s'y raccrochent comme à une bouée de sauvetage ; il n'est pas toujours très aisé de s'en passer, surtout quand elle est promue par l'institution. Il est à craindre une stagnation dans un état d'autant plus identique qu'il prend d'anciennes recettes dont les résultats se sont déjà révélé mitigés. Il convient bien d'appeler un chat : « chat » ; et un balayeur : « balayeur » et non « technicien de surface affecté au micro-entretien asphaltique ».

Il s'agit bien d'épanouir sa créativité pour développer sa réactivité, ce qui en soi est loin d'être idiot. Mais quand le contexte demeure inextricablement le même, toutes ces méthodes plus ou moins resucées s'avèrent vite d'une notoire inefficacité. Si ce n'est qu'elles ont permis de passer le temps, d'apporter un peu de ludique pour maintenir tant bien que mal une paix sociale sans cesse mise à mal par l'absurdité hélas ambiante. Une sorte de placebo pour calmer des maux de fond : on traite tant bien que mal les effets tout en restant soumis aux mêmes causes.

Nous trouvons effectivement une impressionnante liste de paradoxes au sein desquels notre manager doit naviguer à vue ! On lui demande en effet le plus souvent :

- D'être autonome… mais de référer de toutes choses à sa hiérarchie ou à l'état-major, pour aval.

- De prendre ses décisions avec ledit aval… qui ne vient jamais, la hiérarchie en question étant au choix : soit dans la même situation, soit dans la frilosité qui convient à une période troublée.

- De prendre des initiatives… tout en passant le plus clair de son temps à faire du reporting sur les moindres détails de sa gestion ou de ses responsabilités.

- De prétendre à une réflexion stratégique… mais de se cantonner en définitive à un rôle de commercial besogneux.

- De mener ses hommes avec leadership et charisme... mais de ne pas avoir d'états d'âme ni de sentiments.

- De motiver ses « troupes » pour optimiser la gestion des ressources humaines afin de relever les défis et challenges de demain... mais sans rien leur donner en échange, rigueur budgétaire oblige.

- De négocier des accords avec les syndicats... accords auxquels la direction générale opposera éventuellement son veto.

- De produire toujours plus et toujours mieux... mais avec toujours moins de moyens et des obligations de résultats toujours plus contraignantes.

- D'avoir de la personnalité et de faire preuve de créativité... mais en faisant constamment preuve de subordination et de servilité envers l'état-major.

- De développer son affaire... mais en s'insérant dans un système dans lequel il n'a prise ni sur l'information, ni sur la GRH, ni sur les fournisseurs clés, ni sur le juridique, ni sur le financier.

- De n'avoir à peu près aucune marge de manœuvre... mais de se faire débarquer si les résultats ne sont pas au rendez-vous.

- Et enfin, pour comble, de gérer l'ensemble de ses contradictions... avec le devoir de faire comme s'il n'y en avait pas.

Vu sous cet angle, il y a indubitablement des situations plus avantageuses ! Espérons que tous les managers ne soient pas dans une position aussi paradoxale...

Le problème est que cette sorte de pragmatisme mal compris, qui veut qu'on ne juge d'une action qu'à son résultat, sans aucune considération sur les moyens employés ou sur le sens de la conduite qui y préside, nous semble bel et bien pernicieux. Penser que surmonter les contradictions est une source de créativité est évidemment loin d'être idiot... mais on se trouve davantage ici en face de contraintes absurdes que de problématiques fécondes ! Qui plus est la créativité demande du recul, et non d'avoir le nez dans le guidon en permanence ! On court en fait le risque d'une déstructuration professionnelle et psychologique. Croire que la schizophrénie va soutenir l'imagination et la créativité relève du syndrome de bêtise aggravée, bien typique du libéralisme dérivant dont nous voyons aujourd'hui se développer les tentacules. Après tout, la guerre n'est qu'un moyen : seul compte le résultat.

Trop de libéralisme finit par tuer le libéralisme... et la liberté qui lui avait pourtant inspiré ses premiers pas.

Comment rester indémodable ?

QUELQUES CONSEILS POUR ÊTRE À LA PAGE.

Pour ne pas avoir l'air ringard :

- Ne rappelez jamais les bienfaits du management participatif.
- Ne demandez pas la traduction en français des concepts anglo-saxons du dernier cri.
- Ne soyez pas moins exigeant(e)s envers vous-même qu'un sportif de (très) haut niveau, surtout si votre reconnaissance et votre rémunération annuelle sont moindres.

Ne dites pas non plus :

- « Quand même, avant ça marchait mieux ».
- « J'ai déjà vu ça quelque part ».

Mais, en collectivité, soyez « hype » et non plus simplement « in » !

- Ramenez tout au concept de création de valeur financière, vous serez dans le coup quoi qu'il arrive.
- Demandez que chaque réunion commence par une séance de relaxation.
- Venez à votre entretien annuel en jogging et en tong, c'est très tendance.

Dites, par exemple :

- « Je suis un pragmatique. »
- « Le coach en cuisine macrobiotique fen shui, il est vachement méta-performant ! »
- « Je n'ai pas vécu une telle aventure collective depuis le dernier plan social... »

Prenons un peu de recul

Le management n'a pas besoin de « modèles », même s'il suit parfois les modes ambiantes. Le management est l'établissement de règles claires et communes qui définissent les rapports et les comportements que sont censés développer des professionnels dans l'exercice de leurs activités respectives. Il établit une structure stable, capable de supporter les variations d'environnement et les adaptations organisationnelles nécessaires. Ces règles répondent à une formalisation explicite, permettant à chacun d'apprécier avec justesse sa marge de manœuvre, son pouvoir d'initiative et les limites de ses responsabilités.

Établir ces règles de telle sorte qu'elles ne formalisent ni trop ni trop peu les rapports et les comportements des individus et des équipes relève effectivement d'un art, parfois fort délicat. Trop de formalisation produit un effet inhibant et une passivité ; trop peu de formalisation conduit à du flottement, de la démotivation et de l'insatisfaction. On pourrait presque dire que la problématique du management peut se réduire au fait de savoir ce qu'il faut formaliser et ce qu'il ne faut pas formaliser. C'est le professionnalisme à part entière du manager.

Cela ne signifie pas que l'ensemble des relations qui se développent entre les personnes n'étoffe pas utilement le management : nul ne peut prétendre avoir affaire à des êtres humains sans tenir compte de toute la dimension psychologique qui leur est naturelle. Mais au contraire l'expérience montre que les relations se structurent plus positivement lorsqu'elles prennent assise sur quelques règles reconnues par tous. Car la règle se présente comme une objectivation extérieure aux personnes, ouvrant un champ rationnel à la gestion des conflits et des tensions qui surviennent inévitablement ; à la construction d'une solidarité et d'une synergie qui seules permettent aujourd'hui la performance.

C'est en effet la reconnaissance unanime des règles, au sein d'une même entité, qui permet à un professionnel d'en manager d'autres, c'est-à-dire d'être investi d'une autorité. En l'absence de règles, au contraire, c'est l'arbitraire qui reprend ses droits. Nombreux sont ceux, d'ailleurs, qui se gardent d'établir des règles claires et communes à tous... pour garder leur pouvoir. On pourrait dire que la règle se définit comme ce qui vient imposer des devoirs au pouvoir.

L'autorité d'un manager se mesure concrètement à sa capacité d'établir des règles – y compris vis-à-vis de ses supérieurs hiérarchiques – puis à les faire respecter, en s'y soumettant le premier. C'est faire d'une entité professionnelle, quelle qu'elle soit, une zone de droit. Son non-respect acte, de fait, un état de guerre.

L'absence de règles explicites, dans le management, engendre simplement une guerre qui ne dit pas son nom ; et dont il est difficile de mesurer les effets à moyen et long terme. Mais on peut penser qu'il y a peut-être quelque chose à perdre au recul de la civilisation et au retour à la culture tribale dans les entreprises, même et y compris avec des capacités techniques et technologiques décuplées.

En guise de conclusion, croyant que la première qualité d'un manager est sa culture, nous vous livrons un extrait des Mémoires de Louis XIV : « Comme il est difficile, lorsqu'on peut ce que l'on veut, de vouloir ce que l'on doit. »

Ce n'est pas seulement bien dit ; c'est vrai !

Le ranking à quota,
ou l'aberration gaussienne

L'évaluation de la performance des collaborateurs est, dans une entreprise, une nécessité saine et positive, tant pour les personnes que pour l'entreprise elle-même. Mais certaines dérives en la matière ayant été inventées pour exploiter – en la circonstance, on devrait plutôt dire « épuiser » – les ressources humaines, le « ranking » fut imaginé… et appliqué.

Une pratique insupportable

Précisons un peu de quoi il s'agit, pour les chanceux qui ne travailleraient pas encore dans une entreprise à la pointe du progrès. Le ranking est cette pratique psychorigide qui consiste à établir des quotas de notations, imposant un pourcentage fixe de salariés dans des tranches fixées a priori. L'objectif est de pouvoir reclasser ou virer chaque année les salariés de la dernière tranche, soit 5, 10 ou 15 % selon les cas, quoiqu'il arrive. C'est l'invention de la faute professionnelle par classement arbitraire. Bien évidemment, « tout ceci n'était destiné qu'à maintenir une saine émulation et une forte motivation poussant chacun à optimiser son investissement pour relever les défis des challenges de demain dans une société impitoyable dans laquelle c'est le marché qui impose tout pour le plus grand bénéfice du client et bla bla bla… ». Vous connaissez le credo. Malheureusement, toutes les religions ont leurs intégristes et leurs fanatiques, asservissant un menu peuple la plupart du temps trop passif.

Après des procès retentissants aux États-Unis, où les entreprises ont déboursé des dizaines de millions de dollars d'indemnités, on aurait pu penser que l'aberration se serait tassée... mais pas du tout ! Que voulez-vous, on ne renonce pas aussi facilement à un rêve, américain de surcroît... Et à force de se focaliser sur les chiffres au détriment de son renouvellement stratégique, on finit forcément le guidon dans le mur !

En dernière analyse, la justification des quotas ne repose que sur les lois de Gauss[1], qui s'appliquent paraît-il très bien à l'entreprise et plus particulièrement à la performance des individus. Selon cette loi purement statistique – dont l'application à la GRH est bien représentative de la bêtise ambiante –, il serait incontournable, en effet, que dans un groupe, les variations de performance aboutissent à ce que, par exemple : 5 % soient au plus bas, 20 % dans une zone intermédiaire négative, la majorité à la moyenne, 20 % dans une zone intermédiaire positive et 5 % d'excellents. Cela expliquerait que l'on puisse trouver « automatiquement » 5 % de nul, 20 % de moins nuls, 50 % de « normaux », 20 % de meilleurs et 5 % de parfaits dans la performance de n'importe quelle entité de travail ! Le moins que l'on puisse dire est que l'on n'avance pas vers l'intelligence...

Maintenant, s'il s'agit seulement de dire que dans n'importe quelle équipe il y a en a forcément qui sont moins bons et d'autres meilleurs, alors d'accord, on peut classer de 1 à 5 ! Mais pour quel usage ? Ce sont là des prétextes commodes ; les relier mathématiquement à un plan de rémunération, de progression de carrière et de restructuration nous semble bien relever d'une stricte logique psychorigide ; nous pensons plutôt qu'il y a là le camouflage de finalités globales sans rapports avec l'évaluation de la performance des individus.

---

1. Pour information, la loi de Gauss dit que lorsqu'une grandeur subit l'influence d'un grand nombre de causes de variation, toutes très petites et indépendantes les unes des autres, les résultats s'accumulent au voisinage immédiat de la moyenne, puis se distribuent symétriquement avec une fréquence diminuant rapidement à mesure qu'on s'éloigne du centre. La propriété de la loi de Gauss est d'être entièrement déterminée lorsqu'on connaît sa moyenne et son écart type.

Un peu de bon sens !

Que l'on nous comprenne bien ! Ce n'est pas l'évaluation de la performance que nous critiquons, c'est la manière de le faire. Établir des quotas de notations, imposant un pourcentage fixe de salariés dans des tranches fixées a priori : voilà qui apparaît comme un non-sens, et ce à l'égard même des avantages que ses « souteneurs » ont pris la peine de décrire.

La politique des quotas, en effet, ne vise en rien « la prise en considération de la sous-performance, de sa mise en perspective et de la prise de mesures adaptées pour la corriger ». Cette sous-performance est tout autant prise en compte sans recours à des quotas ! Ou alors cette politique entend pallier l'insuffisance et la lâcheté des managers (puisqu'il paraît qu'ils le sont systématiquement !) en les obligeant malgré eux à mal noter un certain quota de leurs troupes... ce qui en dit long sur la manière dont l'entreprise les considère et dont elle les forme à une évaluation réelle et efficace ! Dans le pire des cas elle déguise ainsi son turnover et son intérim interne, ne donnant qu'une apparence descriptive et objective à un arbitraire renforcé.

En outre, la politique des quotas ne sert pas « la transparence, la clarté des règles, l'objectivité et la sérénité » de l'évaluation – pour l'évaluateur tout comme pour l'évalué, d'ailleurs – puisqu'elle détruit le fondement de la relation contractuelle. Avec les quotas, en effet, ma notation ne relève plus de l'atteinte ou non des missions ou objectifs qui m'ont été confiés, mais ils introduisent une compétition implicite interne à l'entreprise : aussi performant que j'ai pu être dans mon emploi, si mes collaborateurs ont été plus performants dans les leurs, même s'ils n'ont rien à voir, je serai rangé dans le quota de recyclage… ou de restructuration. Nous ne savons donc jamais ce qu'il faut atteindre pour être performant, sauf à grenouiller autour des autres pour comparer. C'est l'antinomie de la logique de collaboration, de partage des connaissances et d'intelligence collective que les entreprises tentent par ailleurs – avec énormément de difficultés, faut-il s'en étonner ? – de mettre en place.

L'entretien annuel ne sert donc plus à négocier la « satisfaction » de ma performance passée ou à venir. Il n'y a plus de règles, il n'y a qu'un mot : « toujours plus »… en tout cas plus que mes petits camarades. Ceux qui ont fréquenté de près les ambiances de concours peuvent avoir une idée des pratiques et des relations que cela induit. Mais à l'inverse, avec les dits quotas, je peux me retrouver premier de la classe, avec part variable, prime et promotion alors que je n'ai pas du tout été aussi performant que j'aurais pu l'être : il suffit que les autres soient moins bons, c'est tout. Ce n'est donc pas le « mérite » que les quotas récompensent, mais l'intelligence de situation par rapport à la compétition interne : à ce jeu-là, ce sont joueurs et dents longues qui sont favorisés, sur un terrain d'influences et d'intrigues, et pas nécessairement les plus performants dans leurs emplois. Et nous ne doutons pas qu'il y en ait qui préfèrent ce jeu – plus facile, moins cher, mais qui peut rapporter plus gros – à l'amélioration effective de leurs compétences, et par conséquent du développement réel de l'entreprise.

Dès lors, l'effort de ces joueurs se porte bien davantage sur leur positionnement interne que sur la compétitivité de l'entreprise à l'extérieur ! Lorsque l'aune de ma performance n'est plus l'atteinte d'objectifs, mais le prorata de mes collègues qui ont été meilleurs ou moins bons que moi, nous prétendons que l'entreprise n'y gagne qu'un climat délétère. La notion d'évaluation de la performance y redevient opaque, inquiétante et inquiétée, livrée à l'arbitraire et non objective, subjective et non descriptive. Le management n'a plus besoin d'être créatif, il lui suffit d'être comptable ; en fait, on n'a plus besoin de managers, mais de « superviseurs ». Ceci ne nous semble pas une manière « d'intégrer avec discernement » le modèle unique anglo-saxon.

Une chose est sûre : les entreprises qui prônent sans mesure la division et la compétition entre leurs propres employés, pour augmenter les performances individuelles, vont au-devant de lourdes déconvenues :

- L'échec d'un salarié peut être dû à un problème de management. Dans les faits, cela représente une majorité de cas. La preuve : on améliore les performances d'une entité de travail en formant d'abord les managers.

- On ne peut isoler totalement les performances individuelles au sein des performances d'une équipe : les interactions et la mise en système des compétences et des comportements y tient une trop large part pour être négligée.

- On ne peut impunément faire une chose et son contraire : donner des missions et des objectifs à un professionnel… puis lui affirmer qu'il n'est pas encore assez performant, même s'il les a atteints !

Plusieurs cabinets d'avocats ont facilement montré que le ranking à quotas n'est pas basé sur la réalité des performances, puisqu'il oblige les managers à mal noter a priori un nombre défini de gens.

Quand on sait que l'usage des quotas est présenté comme une « best practice » outre-Atlantique, ça fait désordre ! On y appelle le ranking, familièrement, « rank and yank », littéralement « classer puis se débarrasser »…

La seule défense de ce système est une certaine efficacité économique...
à court terme. Et c'est certain : presser les citrons à mort, puis les jeter
donne plus de jus tout de suite que d'élever des citronniers ! Mais en ces
temps où le développement durable commence à avoir un impact – non
moins économique – sur les entreprises, elles commencent à réfléchir un
peu plus loin que le bout du nez de leurs actionnaires et des salaires
démesurés de leurs patrons !

Donnons la parole, pour conclure, à Claude Brunet, qui avait été
contraint par Ford, alors qu'il y était P-DG, d'appliquer le ranking. Selon
lui, c'est « *un constat d'échec de l'amélioration du mode de management. Le vrai courage est d'essayer de voir comment une personne
réalise ce qu'on lui demande de faire. C'est trop facile de se cacher
derrière des statistiques. L'échec d'un salarié révèle aussi un problème
de management.* (Ben oui ! Reconnaissance éternelle pour cette clairvoyance !) *Les 10,5 millions de dollars d'indemnités versés par Ford
auraient été mieux investis dans la formation pour améliorer les dirigeants* »[1]. On comprend qu'il ait changé de crèmerie, cet excellent
homme !

Comme quoi, que l'on soit américain ou français, le bons sens finit
parfois par triompher ! Parfois même le professionnalisme... voire
l'intelligence véritable des ressources humaines !

C'est quand même plutôt encourageant !

---

1. *Le Monde* du 3 février 2003.

Comment être **bien classé(e)** ?

QUELQUES CONSEILS POUR ENFONCER VOS COLLÈGUES.

Pour doper votre classement :

- Ne rendez pas un service qui permette à un collègue d'atteindre son objectif sans bénéfice supérieur pour vous.
- N'avouez jamais vos erreurs : reportez-les sur le groupe ou sur vos subordonnés.
- Ne partagez jamais vos informations, vous pourrez en avoir besoin pour vous démarquer, un mois avant l'évaluation.

Ne dites pas non plus :

- « C'est à Durand que nous devons ce bon résultat. »
- « Notre force est dans le collectif : c'est notre esprit d'équipe qui a fait la différence ».
- « Un pour tous, tous pour un ».

Mais grenouillez tant que vous pouvez !

- Informez finement, tout au long de l'année, votre supérieur de chacune de vos réussites, et de tous les échecs de vos collègues.
- Vantez, auprès du N+2, le mérite exceptionnel de votre N+1, qui doit vous évaluer.
- Faites de l'intox sur radio moquette pour stresser un peu plus vos petits camarades.

Dites, par exemple :

- « Rien ne vaut la saine émulation ! »
- « Ha ! Durand ! Quelle belle réussite ! Vous voyez que nos conversations ont finalement porté leurs fruits ! »
- « Évidemment, dans l'équipe, il n'y a pas que des Zidanes... »

Prenons un peu de recul

Le cœur de notre propos ne réside pas pour nous dans la question de l'évaluation de la performance des salariés. Nous sommes en effet convaincus :

- Qu'il y a nécessité pour une organisation d'évaluer la performance de ses collaborateurs. C'est d'ailleurs une nécessité pour l'entreprise autant que pour les collaborateurs en question : tout rapport contractuel exige une reconnaissance mutuelle et un « pesage » des apports réciproques, eu égard à la finalité poursuivie.

- Que cette évaluation est au service de la performance de l'entreprise – passant par le développement du potentiel de l'individu –, qui ne peut faire autrement que de s'engager à fond dans la compétition si elle veut survivre et prospérer.

- Que cette évaluation doit être effectuée sur des règles claires évitant les non-dits, les lâchetés, et l'arbitraire du manager. Il est à cet effet possible d'adopter des méthodes – il y en a plusieurs, en provenance des États-Unis comme de la France ou d'autres pays européens – qui permettent une transparence et une efficacité accrue.

- Que cette évaluation, enfin, donne sa cohérence et son intelligence à une sanction professionnelle : traitement des parts variables, primes et autres avantages ; évolution de carrière et développement des potentiels, etc.

Mais nous pensons que l'économie du « toujours plus » induite par les quotas, loin d'être le résultat d'un soi-disant dynamisme de renouvellement en matière de GRH, est au contraire rétrograde et archaïque – les Marines américains l'emploient depuis plus de 50 ans et leur niveau général de performance n'a cessé de baisser ! –, et qu'elle ne correspond pas à la modernité de l'entreprise. À l'économie du « toujours plus », il faut opposer aujourd'hui l'économie du « toujours mieux », en externe comme en interne à l'entreprise. Le « plus » s'obtient aux dépends des autres ; le « mieux » ne saurait se concevoir sans les autres. C'est une évolution fondamentale.

Oui ! Il est urgent de réinventer l'Amérique !

Le mobbing,
ou le management par
la violence

Autre constat alarmant qui ajoute à notre liste d'insupportables pratiques d'entreprise : la violence au travail est de plus en plus présente dans les organisations. Qu'elle soit physique, à travers des conditions de travail difficiles ; ou morale, dans un environnement en permanence sous pression, cette violence de harcèlement prend des formes de plus en plus raffinées. On a même trouvé un joli nom pour cette dérive, particulièrement appréciée des petits chefs à grands pouvoirs et autres complexés de l'infériorité, qu'on nomme le « mobbing ». La traduction française de ce terme vient de l'anglais « to mob » : attaquer, malmener, harceler, terroriser... Le mobbing est caractérisé par des agissements hostiles dirigés systématiquement contre un individu, suscitant parfois de graves problèmes physiques ou psychiques.

Une pratique insupportable

Le but de cette pratique est très simple : amener la personne visée à quitter son service ou l'entreprise, en la plaçant dans une situation telle, qu'à bout de nerfs, elle démissionne. Double bénéfice pour le harceleur : il s'est débarrassé de son collaborateur et évite à l'entreprise de supporter les indemnités inhérentes à une rupture abusive du contrat de travail. Son image n'est donc pas ternie...

La panoplie des modalités de mobbing est à la mesure de la perversité de ceux qui s'y adonnent. Ces agissements peuvent être passifs (omission volontaire, oubli de convocation, non transmission d'informations...) ou actifs (attaques directes, mutation, suppression des avantages en nature, limitation des prérogatives, médisances, rumeurs, calomnies, injures, humiliation publique...). La palette est hélas presque aussi large que le champ de l'imagination humaine.

Cette pratique concrétise tout simplement le paroxysme de la gestion par le stress. Mais si le « mobbing » laisse libre cours à la cruauté si naturelle aux êtres humains, en favorisant des pulsions sadiques parfois insoupçonnées, il a néanmoins quelques petits effets indésirables : il met la santé, voire la vie, de la victime en danger. Le harcèlement constitue un processus destructeur qui peut entraîner l'invalidité permanente (maladie) voire la mort de la victime (suicide). C'est exagéré ? Mr Christian Larose, président de la section travail du Conseil économique et social présente chaque année des rapports alarmants sur la hausse des suicides liés au travail... On en recenserait plusieurs par semaine en France. Là, on est dans le factuel, pas dans l'imaginaire !

Mais derrière les dérives individuelles de quelques pervers chroniques ou improvisés – que leur société désavouerait à coup sûr – il faut souligner que les conditions de travail elles-même tendent à se dégrader. Dictature des gains de productivité, qualité au moindre coût, budgets resserrés et délais plus brefs, flux tendus, travail contraint par les machines, licenciements abusifs... tout cela contribue à mettre les salariés comme sous tension généralisée. Le travail s'intensifie et cette intensification touche chaque année un nombre plus grand de salariés. Les travaux pénibles, loin de disparaître, le sont de plus en plus. Illustration étonnante : le travail à la chaîne n'est pas un vieux souvenir des « temps modernes », mais une réalité contemporaine. Il concernait 7,5 % des ouvriers qualifiés de type industriel en 1984 ; ce chiffre a doublé pour atteindre 15 % en 1998 et passer de 20 à 30 % chez les non-qualifiés. Et le travail chronométré remonte les niveaux de la hiérarchie.

Cela nous semble aller loin, si l'on s'engage sur cette voie : le problème visé n'est plus le comportement déréglé de quelques jouisseurs de l'abus de pouvoir, mais le terreau de perversions engendrées par le fonctionnement du système socioprofessionnel en tant que tel. Il faut ainsi considérer que l'organisation elle-même peut être violente ; non seulement elle joue le rôle de cause « dispositive », mais encore agit-elle parfois de manière directement vicieuse…

Un peu de bon sens !

Il ne s'agit pas de passer dans l'autre extrême, et d'invoquer le mobbing chaque fois qu'il y a une cause de stress. Sinon, on pourrait même en arriver à condamner les concurrents et les clients à payer des dommages et intérêts pour harcèlement moral, voire le système libéral lui-même !

On le voit bien : l'accent mis sur un problème – aussi réel et grave soit-il – a toujours tendance à focaliser le regard et à tout faire voir au travers de ce prisme. Toute relation humaine passe par des phases de tension, de menaces et de promesses, de pression, d'enthousiasme et de guéguerre interne : regardez vos clubs de sports, vos associations, vos conseils municipaux… regardez vos familles ! L'apparition de rapports de force est inhérent même à la plus tendre bienveillance que nous pouvons avoir les uns pour les autres : « je veux faire ton bien… que tu le veuilles ou non ! » Il est certain que si nous nous estimons harcelés à chaque fois qu'il y a du « contact », nous ne sommes pas sortis de l'auberge ! À ce rythme, je finis par appeler « harceleur » celui qui ne pense pas comme moi… À bien y réfléchir, c'est fou ce que je peux être harcelé !

Et s'il est vrai que la violence organisationnelle a toujours été présente dans le monde du travail, il faut se demander sous quelle forme nos organisations modernes en sont toujours porteuses. On peut relever quelques pistes assez évidentes :

- L'individualisation du travail et l'évaluation personnelle des performances passe très facilement de la « saine émulation » à la compétition interne la plus acharnée, surtout lorsque seul le cheval gagnant est sûr de rester dans l'entreprise. Tous les coups sont alors permis, puisque seul compte le « résultat » !

- Ce résultat en question est dans la plupart des cas apprécié sur des indicateurs purement quantitatifs, incitant les professionnels à souvent sacrifier la qualité de leur travail. Or si le travail bien fait adoucit les mœurs et accomplit les personnes, la poursuite effrénée des indicateurs, au contraire, rend aveugle et sourd aux autres : ça passe ou ça casse.

- La logique du « toujours plus » avec « toujours moins » conduit à des situations professionnelles où les salariés sont responsables de la qualité et de la conformité aux exigences de l'entreprise sans avoir réellement d'influence sur les conditions dans lesquelles ils produisent. Ils transportent donc leurs tensions, pour réaliser l'impossible, sur leurs collaborateurs, seul moyen dont ils peuvent abuser sans se faire taper eux-mêmes sur les doigts.

- Le recul très net de la notion vécue de culture d'entreprise, au profit d'un état d'esprit mercenaire, où chacun travaille pour lui-même et poursuit ses propres objectifs. Il y a de moins en moins de gardes-fous à l'appétit du pouvoir et aux ambitions démesurées. Dans ce contexte, les autres sont transformés en simples moyens de progression personnelle : les écraser importe moins que continuer, coûte que coûte, à avancer ! Regardez ce qui se passe : dans les faits, ce sont bien de telles attitudes que les entreprises reconnaissent et récompensent.

- L'expérience concrète de la manière dont les entreprises traitent leurs employés et s'en débarrassent sans aucun scrupule atteint, même inconsciemment, la confiance de tous dans le système. Lorsque chacun vit sur ses gardes et qu'un climat de défiance devient immanent à chaque journée de travail, les tensions sont naturellement croissantes.

- Les modes de management par le stress ou la pression constante, dont une grande majorité de dirigeants ont fait le nec plus ultra des pratiques d'encadrement, jouent fondamentalement sur l'agressivité des personnes. Il n'y a pas besoin d'avoir beaucoup de connaissance en psychologie pour le comprendre.

La question est donc de savoir quels sont les éléments qui pourraient, après des années de discours idéologique sur les miracles du management contemporain, amener les organisations à se remettre en cause. La loi de 2002 contre le harcèlement moral et l'amendement de 2003 en font indiscutablement partie. Les problématiques du développement durable, les notations par les agences de rating social en sont d'autres. Mais la sagesse pourrait venir « par nécessité » dans les entreprises où l'ampleur de cette violence commence à poser des problèmes de sécurité. Et de fait nous en connaissons.

Comment ne pas se laisser broyer par la machine ?

QUELQUES CONSEILS POUR GARDEZ LA TÊTE HORS DE L'EAU.

Pour conserver votre liberté :

- Ne considérez pas comme « normales » les attaques dont vous êtes l'objet, même si tout votre entourage professionnel vous dit le contraire.
- Ne prenez pas l'air timoré, trop discret et souffreteux de la victime idéale.
- Ne criez pas non plus au harcèlement dès qu'on ne va pas dans votre sens.
- Ne perdez pas de vue les deux caractéristiques fondamentales du harcèlement, reconnues par les tribunaux : la volonté délibérée de nuire et sa récurrence dans le temps.

Ne dites pas non plus :

- « Je préfère me laisser régulièrement ridiculiser devant tout le service que de laisser croire que je n'ai pas le sens de l'humour ».
- « Ce n'est pas parce que je ne suis pas paranoïaque que toute ma hiérarchie ne me harcèle pas ! »

Mais préservez-vous au maximum :

- Assurer vos arrières : recueillez un maximum d'éléments objectifs allant dans votre sens : témoignages, traces d'évaluation abusive, compte-rendu d'entretien, certificats médicaux...

● Rappelez à votre responsable RH que la loi informatique et liberté oblige votre entreprise, sous peine de poursuite, à vous fournir tous les documents d'évaluation vous concernant.

● Mettez-vous au squash pour vous défouler.

Dites, par exemple :

● « Cher boss, le code du travail fait très bien la différence entre exigence et harcèlement. Au besoin, les délégués du personnel peuvent vous faire un brief...»

● « Quel est donc le sens des pressions que vous me faites subir : me poussez à démissionner ? Nous retrouver devant les tribunaux ? Les deux en même temps ? »

Prenons un peu de recul

Ce caractère inhumain qui identifie le modèle socio-économique dans lequel nous baignons est à prendre au sens strict : au-delà du cadre du travail, les salariés sont amenés à tisser des rapports de coopération et de libre sociabilité constitutifs de leur attachement à l'entreprise. L'entreprise ne peut prétendre se rendre maîtresse de ces liens sans déshumaniser sa forme organisationnelle, en la considérant comme un simple instrument qu'on pourrait changer selon les aléas du marché. C'est bien la question du « travail » comme dimension fondamentale de l'équilibre humain qui est en question. Ce travail humain n'est pas d'abord accomplissement d'un certain nombre de tâches, mais d'abord relation au monde et à la société, constitution d'une identité de service et de contribution à un bien commun qui vient donner sens à une vie humaine personnelle.

C'est précisément ce dernier point qui est dénié par les gourous du management qui célèbrent les « énergies au travail » (plus question de parler « d'hommes », évidemment !), sans parvenir à dissiper les inquiétudes et le stress : au contraire, ils leur ouvrent toute grande la voie, en louant les fondements théoriques d'un modèle qui, en fait, tue à petit feu toute identité sociale du travail, c'est-à-dire toute culture à laquelle l'homme a besoin de se rattacher pour vivre humainement.

Voilà, à notre sens, la cause profonde de la dégradation de la santé humaine dans l'entreprise : elle n'est que le symptôme de sa déshumanisation volontaire. Car on peut commencer à parler de « maladie » professionnelle : dans un arrêt du 1er juillet 2003, la Cour de Cassation a reconnu qu'une dépression nerveuse d'un salarié peut être considérée comme accident du travail. Le cas est malheureusement banal, il s'agit d'un employé jusque-là toujours bien noté qui apprend soudainement dans son entretien individuel qu'il est dépossédé de son équipe... Bref, le B.A.BA du management de la performance, tel que le vivent des centaines de milliers de gens ! Comme dit l'autre : « il ne faut jamais laisser rêver le petit personnel ». Ces pratiques font du stress le sceptre du pouvoir des petits chefs ; mais la contre-partie risque de coûter plus cher à l'entreprise.

Et telle semble bien être l'hypocrisie ambiante, qui a au moins pour vertu de déresponsabiliser les individus... Mais est-ce vraiment une vertu, ou au contraire une manière détournée d'encore considérer les personnes comme des choses, et, qui plus est, des choses conditionnées ? Faut-il rappeler que le travail est par nature pénible, pour l'homme, et que la vie en société est, non moins par nature, cause de pressions et d'environnements contraignants ?

Peut-être faudrait-il chercher à éviter que le travail ne reprenne son sens étymologique de *tripalium* : un instrument de torture.

La solution est sans doute assez triviale : au Canada et aux États-Unis, les entreprises ont désormais une approche quantifiée du coût du stress de leurs salariés. Tenez-vous bien : rien qu'aux États-Unis, le coût du stress est estimé à 200 milliards de dollars par an ; il génère la moitié des 500 millions de jours d'arrêt de travail. En Grande-Bretagne, le coût du stress est même estimé à 10 % du PIB. Le stress coûte très cher : peut-être est-ce finalement le meilleur (le seul ?) argument pour l'enrayer. Pourquoi ne pas y avoir pensé plus tôt ? Il suffit de parler le seul langage que les financiers (et même les crétins) comprennent : l'argent !

Le whistleblowing,
ou la délation organisée

Désormais, dans un certain nombre d'entreprises, si vous voyez un truc ou un comportement frauduleux : vous vous devez de l'alerter ! Et votre entreprise, via le salage du voisin ou de la voisine de bureau que vous avez dénoncé, reviendra sur le droit chemin !

Vous aurez à votre disposition pour cela : un téléphone rouge dans chaque service, comme cela se fait dans certaines entreprises canadiennes ; une boite mail anonyme, comme dans nombre de grands groupes américains ; ou un comité d'examen des alertes qui se fera juge et garantira votre anonymat, comme on compte vous le proposer en France, où la délation est presque une culture, ainsi que notre Histoire la moins glorieuse l'a montré.

Une pratique insupportable

Sans doute cela dépendra-t-il un tantinet de « ce » que vous dénoncerez... et aussi un peu de « qui » vous dénoncerez... Tout dépendra aussi, évidemment, de ce que l'on appelle un « comportement frauduleux » ! S'il s'agit de piquer dans la caisse des grosses liasses de billets... certes, ce sera sans équivoques ! Mais c'est un peu gros tout de même ! Encore qu'à bien y réfléchir, lorsque tel dirigeant fait passer un plantureux repas avec un de ses potes – ou encore une de ses escapades, plus épicurienne – sur ses notes de frais professionnels, comment qualifie-t-on cela ? Fraude ou pas fraude ? Vous l'avez tous déjà vu : avez-vous alerté votre entreprise ? Eh bien maintenant vous allez devoir le faire ! Bon courage !

On risque évidemment de pas mal rigoler : lorsque tel responsable budgétaire fait passer, avec sa prévision, certains postes qui n'y sont pas directement liés, parce que « c'est plus simple comme ça » ; lorsqu'un DG balade une petite valise de billets – ou de cadeaux quelconques – chez un client stratégique pour obtenir un marché ; lorsqu'on vous demande de faire passer artificiellement telle facture sur le mois ou l'année suivants, afin d'être dans les clous des indicateurs et toucher l'intéressement ou la prime : fraude ou pas fraude ? Mais on peut aussi jouer sur d'autres registres : lorsque vous voyez les mêmes intérimaires revenir en turnover pour assurer un poste permanent de l'entreprise ; lorsqu'on vous demande de faire les pressions nécessaires sur un de vos collaborateurs pour qu'il quitte l'entreprise ; lorsque le lobbying s'étend jusqu'à répandre les rumeurs les plus variées sur votre concurrent pour l'affaiblir : alors ? Fraude ou pas fraude ?

Ce peut être aussi plus délicat : lorsque vous couvrez un de vos collaborateurs qui a fait une faute parce qu'il a un peu craqué, mais qu'au vu de toute sa conduite et de son potentiel, vous estimez que c'est quelqu'un de bien, qui va progresser : fraude ou pas fraude ? Votre collègue arrive avec deux heures de retard ce matin-là, la tête dans le sac, contrevenant de façon patente à l'horaire légal : fraude ou pas fraude ? Puis le comble : lorsque vous avez été témoin de ce que votre voisin estime être une fraude et que vous vous taisez… votre silence est-il lui-même une fraude ou pas ? Vous contrevenez alors à une « obligation » ! Serez-vous alors dénoncé pour complicité ?

Un peu de bon sens !

On comprend bien, vu le taux de corruption qui caractérise nos petites pratiques entre « amis », que les entreprises aient le souci d'y mettre un frein, en sensibilisant chacun à une coresponsabilité tout à fait salutaire… car non seulement cela finit par coûter cher, mais en outre ça fait désordre sur les bilans de développement durable à destination des agences de rating !

Évidemment, chacun peut agir avec conscience et responsabilité. Mais dans ce cas, si chacun est à ce point honnête, la pratique est d'emblée inutile ! Il est donc probable que les excès et déviances habituelles se reportent aussi sur le whistleblowing ! Certes, tout le monde n'est pas logé à la même enseigne, mais la plus grande prudence s'impose !

Il est question de responsabiliser les gens ; et pour les « responsabiliser », de les inviter à la délation... tout en courant le risque permanent d'être dénoncé soi-même sous un prétexte ou sous un autre. C'est exactement le type de méthode que les polices politiques des régimes totalitaires mettent en œuvre pour contrôler les gens : chacun est rendu coresponsable de la délation et vit lui-même dans la peur d'être dénoncé.

Bref, tout le monde va désormais devoir se surveiller dans chaque attitude, chaque comportement, chaque détail, des fois qu'un collègue (pas par jalousie, bien sûr, mais par « responsabilité »), un collaborateur (pas par frustration ni vengeance, bien sûr, mais encore par « responsabilité »), ou un hiérarchique (pas par exercice du pouvoir, management par le stress ou désir de vous virer, bien sûr, mais toujours par « responsabilité »)... trouve – à force de chercher – quelque chose en vous qu'il estime « non éthique » !

Imagine-t-on les effets sur le climat de collaboration dans l'entreprise ? Démotivation et absence totale d'initiative seront inévitablement au rendez vous !

Le whistleblowing n'est d'ailleurs pas le premier ni le seul mode de surveillance collective. Les rapports, petits carnets rouges, enquêtes en tout genre, etc. n'ont pas attendu cette pratique anglo-saxonne pour fleurir un peu partout. Mais là, on atteint tout de même des sommets de bêtise psychologique et sociologique.

Comment ne pas être dénoncé(e) à tout bout de champ ?

QUELQUES CONSEILS POUR NE PAS SUBIR LA DÉLATION.

Pour ne pas être diffamé inutilement :

- Ne prenez pas l'air suspicieux de celui qui a peur d'être dénoncé, mais adoptez un style volontairement transparent.
- Ne vous promenez pas avec un petit carnet, en prenant des notes sur ce que fait chacun.
- N'entrez plus dans les potins-confidences sur les pratiques supposées des autres.

Ne dites pas non plus :

- « Bon, je propose de nous mettre d'accord pour ne rien rapporter les uns des autres ». Vous êtes sûr que ce propos filtrera un jour là où il ne faut pas.
- « Martin s'est fait épinglé ce matin ; et je connais ceux qui l'ont couvert pendant si longtemps... »
- « Le premier qui me dénonce n'a même plus intérêt à laisser échapper le plus léger pet dans les couloirs, sinon... »

Mais méfiez-vous quand même :

- Laissez toujours la porte de votre bureau ouverte, de façon que chacun puisse vous avoir à l'œil sans avoir à faire d'efforts.
- Si vous avez un comportement clairement néfaste à reprocher à un collaborateur, dites-le lui entre quatre yeux, et ne rapportez rien : vous vous ferez une réputation d'intégrité.

- Rappelez aux uns et aux autres que les données nominatives obéissent à des règles strictes et qu'on risque de se retrouver sous le coup de la loi !

- Usez de votre devoir d'alerte... pour dénoncer les bonnes pratiques, les bonnes idées, les qualités de tous vos collègues et collaborateurs ! Après tout, il n'y a pas de raison que ça ne marche que pour ce qui ne va pas !

Dites, par exemple :

- « Tout le monde peut faire des erreurs ! »

- « Que celui qui n'a jamais péché lance la première pierre ! »

- « De toutes façon, le gouvernement de Vichy était condamné d'avance à l'échec ! »

Prenons un peu de recul

Le whistleblowing est sans doute né d'une bonne idée : vu ce qu'il en est de la nature humaine, il vaut mieux veiller les uns sur les autres – à défaut de veiller les uns aux autres – et se soutenir tous ensemble sur la bonne voie. C'est loin d'être sot ! Mais dans un contexte de concurrence interne, c'est un moyen difficile à mettre en œuvre dans une entreprise, en raison même de la nature humaine !

L'idée d'appliquer le processus qualité aux comportements des personnes humaines est une intention généreuse, mais qui finit invariablement dans cette dérive de dénonciation ou de délation.

Il vaut sans doute mieux établir ces règles d'alerte au sein même d'une équipe et de son management, comme faisant partie d'un professionna-lisme collectif. Si les problèmes sont traités au niveau où ils se posent, sans remonter à un organe central de surveillance, sans doute évitera-t-on les phénomènes si néfastes de démotivation et de suspicion. La solu-tion est sans doute dans un management plus efficace.

Il ne faut pas oublier que l'ensemble des relations qui se développent entre les personnes étoffe utilement le management : nul ne peut préten-dre avoir affaire à des êtres humains en ne tenant pas compte de toute la dimension psychologique qui leur est naturelle. Mais au contraire l'expé-rience montre que les relations se structurent plus positivement lorsqu'elles prennent assise sur quelques règles reconnues par tous, car la règle se présente comme une objectivation extérieure aux personnes, ouvrant un champ rationnel à la gestion des conflits et des tensions qui surviennent inévitablement ; à la construction d'une solidarité et d'une synergie qui seule permet aujourd'hui la performance, en lieu et place de la division que le whistleblowing ne manquera pas de créer.

La **surveillance des salariés,** ou le flicage près de chez vous

Nous pensions de prime abord que cette pratique relevait encore d'un de ces propos inspirés par la paranoïa devenue si naturelle à l'employé moderne ! Les entreprises auraient aujourd'hui couramment recours à des détectives privés pour fliquer leurs employés, et ce à toutes fins utiles. Les jumelles longue portée, trousseaux et passes multiples, appareils photo, etc. qui forment la panoplie de ces petits barbouzes civils, seraient désormais massivement mis au service d'employeurs devenus plus paranos encore que leurs employés, ce qui n'est pas peu dire !

Une pratique insupportable

Les témoignages sont étonnants. Comme l'explique cette détective d'un cabinet parisien : « Quand j'ai commencé en 1966, je faisais 80 % d'affaires privées. Avec la disparition du délit d'adultère et la montée des conflits du travail, ça s'est inversé. Aujourd'hui, je fais 80 % d'affaires industrielles et commerciales. »[1] Et pas seulement dans le domaine de la grande distribution ou de l'audiovisuel... Ce qui, en toutes hypothèse, peut signifier :

• Soit que le nombre de cocus est inversement proportionnel à la croissance du business et de la rentabilité, ce que nous avons du mal à croire...

---

1. *Libération,* 24 novembre 2003.

- Soit que la crise du mariage et de la famille a reporté les ambitions sociales et affectives – avec tout leur lot de passions vengeresses – sur les seules réalités professionnelles, ce qui n'est pas plus rigolo...

- Soit que le marché a évolué parce que les « clients » ont changé : ce ne sont plus des individus curieux de leurs conjoints et voisins, mais des employeurs... fous furieux de leurs employés.

Et de fait, cette dernière hypothèse est confirmée par les professionnels de « la surveillance et de la filature en tout genre » : même ratio chez un autre grand nom parisien, dont le patron se vante de milliers de surveillances d'employés de magasins ou de grandes surfaces. Et ne vous croyez pas à l'abri, vous qui ne travaillez pas dans le commerce direct, car il est avéré que ça s'est tellement développé que la plupart des grandes entreprises ont créé leurs propres brigades. Ils ont internalisé le détective. Sic ! À l'heure où il devient de bon ton d'externaliser les ressources humaines, ça fait quand même sourire ! Remarquez, ça peut se faire discrètement : parfois, il n'y a que le P-DG qui « sait », dit-on à l'agence, même le DRH n'est pas au courant. Avouez qu'il y a de quoi se poser des questions !

Si l'on passe en revue les causes de cette évolution sociologique majeure, on n'est guère plus optimiste : selon les spécialistes du genre, nous vivons dans une société binaire, où les rapports patrons/salariés se jouent sur le mode de l'affrontement. Et nous qui pensions que la lutte des classes n'avait pas survécu à ce pauvre Marx ! Du coup, les entreprises sont obligées de faire de plus en plus attention, et on aboutit à un flicage quasi systématique. « Faire de plus en plus attention »... voilà un bel euphémisme pour désigner des viols de vie privée, menaces, chantages et autres menues pressions !

Le tout, évidemment doit se faire dans le « strict respect » de la loi. Ce n'est pas de la combine, voyez-vous, c'est du « relationnel » et de « l'observation ». Remarquez, certains détectives sont plus honnêtes que d'autres : ils affirment clairement[1], quoique sous la réserve de l'anonymat – car ce genre d'honnêteté ne peut être qu'anonyme – que *« si l'on*

---

1. *Ibid.*

fait appel à eux, c'est parce qu'ils ont des « moyens » qui débordent largement du cadre légal. Des contacts dans l'administration fiscale, la police, les banques, les RG... » Mais c'est du relationnel et de l'observation, voyez-vous ?

Le petit problème, c'est que la loi prévoit qu'« aucune information concernant personnellement un salarié ou un candidat à un emploi ne peut être collectée par un dispositif qui n'a pas été porté préalablement à sa connaissance ». Il y a donc un os ! Qu'à cela ne tienne, puisque les entreprises – tout comme les détectives qu'elles paient grassement[1] – s'emploient toujours à tout faire « dans le strict respect de la loi ». C'est-à-dire que, comme d'habitude, on adopte une stratégie de contournement de cette loi : certaines entreprises introduisent dans les contrats de travail ou les règlements intérieurs une clause qui prévoit que le salarié peut être soumis à une « surveillance ». Et alors, hop : le rapport privé devient légal ! Autrement dit, vous avez plutôt intérêt à relire vos contrats, bonnes gens !

Mais les contournements de la loi n'étant pas toujours possibles, et les Prud'hommes détestant en général les rapports privés, l'information recueillie sert souvent de façon mafieuse : les photos du salarié sur un terrain de golf ou avec sa maîtresse servent donc surtout à négocier à l'amiable. C'est-à-dire faire pression, et obtenir un licenciement sans frais ; en évitant une procédure judiciaire longue et pas forcément gagnante. On se croirait vraiment dans un mauvais film de série B !

Un peu de bon sens !

En définitive, c'est la question de la motivation réelle de toutes ces dépenses qui se pose véritablement. Hormis les cas de suspicion légitime et licite de fraude, de vol aggravé ou d'espionnage – mais qui relèvent davantage alors de la justice et des Renseignements Généraux que de cabinets privés – on peut vraiment se demander où elle trouve sa légitimité.

---

1. En moyenne 60 € l'heure de filature, 250 € les photos...

Le mieux est sans doute de n'avoir rien à se reprocher ; ou de s'arranger, comme le faisait Talleyrand, pour que nos défauts soient de notoriété publique ; comme ça ils ne peuvent plus servir contre nous. Plus de petits secrets, plus de chantage ! C'est simple comme bonjour !

Il reste que ce sont là des méthodes d'intimidation plutôt éloignées de la démocratie en entreprise. Mais il convient de rappeler qu'en tout état de cause le Marché n'est pas démocrate, et qu'il n'est donc pas si étonnant qu'il suscite le développement de toutes les petites pratiques de flicage et de délation qui caractérisent habituellement... les dictatures.

Comment **déjouer**
les pièges des barbouzes ?

QUELQUES CONSEILS POUR PRATIQUER LE CONTRE-ESPIONNAGE.

Pour être au dessus de tout soupçon :

- N'ayez pas l'air de cacher quelque chose, mais communiquez abondamment sur tout ce que vous faites, surtout sur ce qui pourrait paraître tendancieux.
- Ne laissez jamais vos dossiers personnels, ou vos cookies de sites douteux, sur votre ordinateur de bureau.

Ne dites pas non plus :

- « Je vais me plaindre à la CNIL », mais plutôt « je trouve que la CNIL est lente à traiter les dossiers ».
- « Je suis fliqué ! », mais plutôt : « Mon cher Président, je suis flatté que vous pensiez autant à ma sécurité ».
- À la cantonade : « Je sais des choses, je ne peux rien dire, mais des têtes vont tomber ! ».

Mais soyez plus royaliste que le roi !

- Ne vous départissez jamais d'un dictaphone et d'un petit appareil photo, on ne sait jamais...
- Pratiquez l'intox dans vos communications par mails et téléphone d'entreprise.
- Laissez entendre que vous avez intercepté des mails curieux, que vous gardez sous le coude.

Dites, par exemple :

- Au téléphone « La valise que m'a confiée le DG est bien arrivée. »
- « Devine qui j'ai vu, hier, au Crazy Horse, en compagnie de gros types à lunettes noires ».

Prenons un peu de recul

Nombreux sont ceux qui pensent qu'on ne peut travailler que dans la « confiance ». Cette qualité – presque devenue vertu sous le coup de sa rareté – semble en effet conditionner toute possibilité de relation humaine et, partant, de toute relation professionnelle. Comme le disait le cardinal de Retz : « On est plus souvent abusé par la défiance que par la confiance ». Autrement dit la confiance ne se perd que si on ne la donne pas !

Néanmoins, lorsqu'on observe les climats et ambiances qui règnent dans nos entreprises, le moins que l'on puisse dire est qu'ils ne sont pas d'abord marqué par la confiance ! Et s'il est de bon ton de mesurer la confiance des ménages par leur niveau de consommation – c'est-à-dire de dépenses – il n'en va pas de même entre les êtres humains.

En outre, sous l'influence anglo-saxonne, il semble que la valeur de la parole donnée s'efface désormais nécessairement devant la garantie de l'écrit, un écrit censé « faire foi », c'est-à-dire tenir lieu de confiance ; mis à part que la confiance, dans la sphère relationnelle, s'adresse à une personne, tandis que dans la sphère de l'écrit elle s'adresse à la loi et à la justice. Les contrats de délégation eux-mêmes ont pris une valeur légale, et sont présentables comme pièces à conviction devant un tribunal.

Il reste que, pour travailler ensemble, un minimum de confiance réciproque soit tout de même nécessaire ! Dire que la confiance est « nécessaire » aux relations humaines est un fait psychologique et sociologique incontestable : le moindre partage de tâches ou de projets repose sur elle ; et sans elle il serait difficile de travailler avec les autres.

Face à la démotivation, il convient de retrouver la confiance, et non d'accentuer le flicage. Encore faut-il s'entendre sur ce qu'on appelle confiance ; car après tout nous ne choisissons que rarement les gens avec lesquels nous travaillons, et les affinités ou sympathies naturelles ne se transcrivent pas toujours en termes professionnels.

Sur le plan professionnel, il nous semble que la confiance repose premièrement sur un respect commun des règles, ce qui suppose qu'elles soient claires et reconnues de part et d'autre. Qu'en plus ce respect commun s'étoffe de considérations amicales modifie sans aucun doute le caractère agréable et convivial du travail, mais l'appréciation et l'estime reposent sans doute en premier lieu sur une compétence concrète et éprouvée.

Vient ensuite le respect de la parole donnée, c'est-à-dire le comportement éthique de la personne. Il n'est pas d'abord dû à la gentillesse que l'on peut avoir les uns pour les autres, mais au respect que chacun a de lui-même, parce qu'il s'engage dans ce qu'il dit et va au bout de ce qu'il fait. Faire ce que l'on dit et dire ce que l'on fait est le fondement même de la confiance, quand bien même ce que l'on dit ou fait soit désagréable.

Il y a enfin une forme supérieure de confiance : c'est la solidarité qui peut unir des compagnons d'œuvre, des « camarades », au sens de Saint-Exupéry, que l'épreuve a forgé. La solidarité est ainsi indéfectible en raison d'un passé commun et de valeurs communes tissées au fil du temps : elle se pose en raison de ce que nous sommes, et non plus seulement de ce que nous disons ou faisons. Cela ne signifie pas que la solidarité soit aveugle et qu'elle doive conduire à n'importe quoi ; mais que la première considération est pour la qualité de la personne elle-même.

Le reste est affaire d'échanges et d'argumentation honnête.

© Groupe Eyrolles

Le cynisme RH,
ou l'inhumanité du quotidien

Force est de constater que la notion de « Ressources humaines » est de plus en plus ambiguë. Ces deux mots accolés laissent entendre aux gens en général et aux salariés en particulier que leur humanité est prise en compte par l'entreprise et son « service du personnel ». Plus précisément encore, ils pourraient laisser croire à quelques bonnes âmes que c'est justement ce caractère « humain » qui constitue, comme tel, une ressource pour l'entreprise ; c'est à dire, selon le dictionnaire, quelque chose qui permet de « satisfaire un besoin ou d'améliorer une situation ». Les plus naïfs pourront même croire que cette « humanité » constitue le cœur même de l'entreprise, son facteur clé, son bien le plus précieux...

Une pratique insupportable

Évidemment, le premier plan social de convenance venu fait vite ranger les violons. Et aux beaux discours de céder la place à la réalité des restructurations et à la détresse des salariés. Et sans doute ces mesures peuvent-elles se justifier, dans un certain nombre de cas, pour la survie d'entreprises (comme d'ailleurs pour la détresse des salariés). Il n'y a pas non plus que des plans sociaux de confort sous pression des actionnaires ; il y a des situations effectivement critiques. Mais ce n'est pas sur ce terrain que nous voudrions porter le débat. C'est sur la relation problématique entre « l'entreprise » et « l'humain ».

Les salariés sont, rappelons-le, une ressource extérieure à l'entreprise. C'est une réalité juridique qui tend même à devenir une réalité sociale, voire une réalité de gestion et de management. Que dire lorsque des entreprises vont jusqu'à sous-traiter leur gestion des ressources humaines à des prestataires extérieurs... Vous aviez dit « cœur même de l'entreprise » ?

Les salariés représentent exactement, dans le modèle néolibéral que les gouvernements de tous bords ont successivement contribué à développer avec zèle, des prestataires de service. Certes, il y a entre l'entreprise et ses salariés une relation contractuelle spécifique, que l'on appelle « convention collective », mais qui, tout bien pesé, est de même nature qu'un contrat rigoureux élaboré avec un fournisseur. Ira-t-on dire, lorsqu'on cesse un contrat ou que l'on change de fournisseur, qu'on a bafoué la « dignité » du fournisseur et manqué au « respect » ? Pas vraiment...

Ce cynisme apparent est le quotidien de bien des êtres humains. Y compris au service du personnel. Ce n'est que la manifestation du mode de pensée néolibéral, mis en demeure par la crise économique de se recentrer sur ces intérêts premiers. L'idéologie commande le réflexe de s'attacher en priorité aux chiffres, aux résultats, à la quantité, avant de prendre en compte la qualité, et ses notions de respect, de dignité, de reconnaissance, voire d'éthique. Quoi de plus normal, finalement ? Mais dans la réalité, le « facteur clé humain » tend vite à devenir un agent économique interchangeable, une valeur chiffrée, un numéro dans un tableau quelconque. L'humain quantifié est automatiquement vidé d'une partie de sa substance, comme déshumanisé en performance et résultats obtenus. La dignité et le respect jouent comme valeurs, mais comme valeurs secondaires, après la performance et le résultat du salarié. Le libéralisme sauvage ne peut donc se prévaloir innocemment de « l'humain », puisqu'il n'en considère essentiellement qu'une partie. Le problème avec la qualité, c'est qu'elle est difficile à quantifier...

Pour supporter le concret et imposer le silence, on a inventé une formule passe-partout, qui est devenue symbole de force et de « virilité » : « je n'ai pas d'états d'âme ». Celui qui en a, en effet, fait figure de fillette ou d'inadapté ; celui qui n'en a plus, a passé les rites d'initiations et on peut désormais « compter sur lui ». À court terme, ça marche ; il suffit de faire tourner les gens assez vite… mais cela correspond à une déstructuration du travail et des personnes elles-mêmes, qui va se payer cher, un jour ou l'autre. Car ce brillant propos – « je n'ai pas d'états d'âme » –, signifie en fait qu'on n'a plus de pensée, qu'on a mis en hibernation toute une partie de notre cerveau et de nos facultés pour arriver à les faire… taire.

Bref, il faut nous convaincre définitivement qu'au sens strict, ce que l'on appelle « l'humain » n'est pas l'objet des « ressources humaines ». Ou plutôt que la notion de « ressource » est prise dans son acception la plus basique : celle de « moyen matériel »… dans le cadre de la loi, bien sûr ! Ou à peu près. Le bien le plus précieux redevient vite une ressource comme une autre, une machine humaine… exigeante en plus ! Les facteurs clés réels de l'entreprise sont l'argent et le renseignement : les hommes y figurent, en effet, mais comme du consommable. Pris dans ce sens, la notion même de ressources humaines confine au cynisme, en ce qu'elle déshumanise ceux-là mêmes qu'elle entend promouvoir. Il devient plus difficile de garder un semblant de cohérence dans le double discours, et de cacher son inhumanité sous des dehors humanistes.

Un peu de bon sens !

Certes, tout n'est pas si noir. Beaucoup d'entreprises commencent à réaliser l'importance de disposer de salariés motivés et fidélisés. La loi y pourvoit également, notamment dans l'obligation d'associer plans de restructuration et plans de reclassement. Ces derniers peuvent même tenter de réparer comme ils peuvent la cassure qui touche à la dignité personnelle et au respect du travail fourni pas les salariés. Mais gare aux malentendus ! Car les termes « dignité personnelle » et « respect du travail » n'ont en eux-mêmes pas de sens pour la logique de l'entreprise moderne, luttant pour avoir de bons résultats. On ne fait pas des affaires avec de bons sentiments, *business is business,* toutes les guerres ont leurs dommages collatéraux... et puis regardez les résultats annuels de l'entité ! N'est-ce pas la logique d'action du monde économique, inscrite dans les lois même du marché mondial ?

Les exigences de ses humaines ressources ont le mérite d'être franches. Pour être performantes on doit leur fournir des gages de qualité telle la reconnaissance, ou répondre à des besoins d'appartenance, de valorisation du travail et d'entretien de la motivation et de l'initiative. Une fois lancée, cette machine est la plus créative qui soit. Elle est, de plus, animée par cette capacité tout à fait unique à donner toujours plus... si on lui tient le bon discours. Et certes tout y passe : promesses et menaces, ambition, fierté, honneur, patrie, démocratie, création de valeur, argent, voyages, et même un beau sac de sport si les objectifs sont atteints... Nous en passons et des meilleures. Ah si ! Une dernière : le sens de la gratuité, qui anoblit l'homme et son œuvre ! Sic ! Essayez donc de faire la même chose avec une machine...

On nous annonce l'avènement du facteur humain avec le grand retour de la qualité. L'entreprise reconnaît son intérêt dans une considération des salariés. Les intérêts humains rejoignent ceux de l'entreprise, et vont bénéficier de cette considération... tant qu'ils serviront les intérêts de l'entreprise.

Comment ne pas être trop humain ?

QUELQUES CONSEILS POUR VALORISER SON QUOTA D'HUMANITÉ.

Pour ne pas avoir l'air trop humain :

- N'écoutez pas les autres, vous risqueriez d'avoir des états d'âmes.
- Ne pensez pas que l'univers pro est autre chose qu'un champ de bataille.
- N'ayez pas d'états d'âmes, vous seriez tenté(e)s de quand même écouter les autres.

Ne dites pas non plus :

- « Ensemble... »
- « Nous... »
- « Ne vous inquiétez pas, ma décision est déjà prise. »

Mais inscrivez-vous dans le mouvement !

- Ne dites pas ce que vous faites, et ne faites pas ce que vous dites.
- Restez obsessionnellement fixé(e) sur vos résultats et votre rémunération.
- Séparez-vous régulièrement de votre meilleur ami au travail : ça ne laissera aucun espoir aux autres.

Dites, par exemple :

- « Pour être manager, je n'en suis pas moins homme, femme... ».
- « ... mais désolé(e), *business is business*».
- « Si vous croyez que je compatis ! ».

Prenons un peu de recul

Tout le monde le dit : la fonction Ressources Humaines est en train d'évoluer. Il y a maintenant longtemps que les directeurs du personnel sont devenus – au moins dans le vocabulaire – des « DRH ». Puis, après être entrés dans les comités de direction, ils aspirent maintenant à devenir les bras droits de leur P-DG. Cette ambition semble légitime, puisque c'est là qu'on est, en principe, le mieux placé pour définir et assurer une cohérence entre la stratégie de l'entreprise, le management et les programmes RH censés en assurer le développement humain.

Il nous semble décisif de rappeler les rôles clés de la GRH dans une entreprise :

- Elle est investie d'un rôle de transcription/acculturation de la stratégie vers l'opérationnel et de coordonnateur des contributions individuelles et collectives vers la réflexion stratégique du ou des dirigeants. C'est bien un rôle de contrôle stratégique : il permet de faire simultanément l'examen de l'état des compétences et de la performance, des résultats et des orientations à venir. Il assure de la sorte une optimisation des ressources, prévient le gaspillage et oblige la direction à mettre en place un système d'information et de gestion des connaissances efficace.

- Une GRH performante repose sur un contrôle organisationnel, fondé sur une structuration réelle des délégations de responsabilités (ce qui suppose des outils de formation et d'entretiens professionnels efficients et motivants) et induit un partage des connaissances qui fait vivre les missions comme lieu de création de valeur et non plus comme simple contexte de responsabilité ou d'exécution.

- Enfin, elle comporte un rôle de contrôle opérationnel : le bouclage organisationnel conduit en effet les managers à valider les modalités de définition et de suivi des objectifs collectifs et individuels, (entretiens professionnels, appréciation de la performance, politique de rémunération, formation, expertise métier, communication interne... etc.) créant une logique d'échange en commençant par donner à chacun les moyens de recevoir de la valeur ajoutée.

Le nouveau rôle de la DRH consiste, à cet endroit, à donner un cadre de cohérence à l'ensemble des niveaux managériaux de l'entreprise ; de la sorte, même si elle continue à centraliser certaines tâches spécifiques, elle devient pilote d'un certain nombre d'outils transverses mis à la disposition de tous les responsables, les rejoignant enfin dans leurs besoins réels sur le terrain ; et elle le fait par conséquent sur une logique de service et d'approche client des opérationnels. C'est le prix à payer pour réintroduire une qualité de travail et une performance RH digne de l'ambition que nous avons évoquée. Cela revient aussi à conduire un changement en profondeur dans l'entreprise, particulièrement en France où le conservatisme des idées et des pratiques affecte même notre manière d'imaginer de nouvelles formes de fonctionnement.

Il s'agit, en définitive, d'une véritable logique de développement. La question qui demeure est de savoir si c'est bien l'homme, la véritable richesse de développement de l'entreprise ? Et là, évidemment, on devine que le DRH va également avoir un rôle de philosophe et de politique... N'est-ce pas beaucoup demander ?

La
déresponsabilisation

« Lorsqu'un travailleur est mis en position d'exercer
son activité sans que son intelligence soit appelée à s'associer
à ses actes, cette intelligence a faim. »

HYACINTHE DUBREUIL

Cette deuxième partie résonne pour nous comme un paradoxe : après avoir encouragé l'autonomie des collaborateurs, imposé l'individualisation du contrat professionnel et des rémunérations, exacerbé à l'excès la concurrence interne, viré préventivement des pans entiers de salariés, délocalisé scrupuleusement dans les pays à coûts bas... les dirigeants sont confrontés à un affaiblissement du sentiment d'appartenance à l'entreprise ! Alors ils crient – ce qui ne manque pas de piquant – à l'irresponsabilité des salariés !

Si nous passons en revue les principaux paradoxes rencontrés sur le terrain, voilà à peu près ce que nous trouvons, et qui ne peut qu'aboutir à une déresponsabilisation généralisée :

- Devoir faire preuve de psychologie et d'écoute, et par conséquent d'une certaine proximité... puis agir de manière directive et sans états d'âme. On pourrait dire : écouter sans entendre.

- Devoir obtenir de l'adhésion et du consensus par de la consultation et de l'argumentation... mais trancher dans le vif sans en tenir compte, parce que les échéances opérationnelles sont trop contraignantes.

- Devoir motiver et fidéliser ses collaborateurs... d'une part sans moyens humains ni financiers ; d'autre part en leur « faisant des petits dans le dos » et en s'en débarrassant dès que la réduction des coûts le suggère.

- Développer un sentiment d'appartenance et une culture commune... alors qu'on louvoie de fusion en acquisition, de restructuration en restructuration, de ranking à quotas en licenciement, de management par le stress en délocalisations croissantes.

- Devoir tenir compte des exigences de vie privée de ses collaborateurs... tout en privilégiant strictement l'intérêt de l'entreprise.

- Parler d'avenir et d'évolution de carrière... tout en ne renouvelant aucun poste en CDI, mais en plutôt en vacation ou en intérim.

- Devoir mettre de la pression et générer du stress sur les équipes pour augmenter le rendement... mais également absorber le stress remontant ainsi généré, pour qu'il ne parvienne pas au niveau du dessus.

- Devoir communiquer sur les orientations stratégiques de l'entreprise… tout en sachant pertinemment qu'elles auront changé d'ici trois ou six mois, et qu'on aura lancé dans un « investissement optimal » des professionnels sur des priorités qui n'en seront plus avant même qu'ils les aient réalisées. Et devoir leur expliquer, enfin, que compte tenu des nouvelles orientations, ils n'ont pas été aussi performants qu'on l'attendait.

- Parvenir à des décisions « partagées »… alors que la dite décision est prise avant, et a souvent été imposée par le haut.

- Devoir faire preuve d'une conviction publique et sans faille… pour défendre des orientations ou des actions qu'on ne partage pas du tout et auxquelles on ne croit pas.

Comment s'étonner, dans ces conditions, que chacun tire ses marrons du feu et teinte ses engagements d'une attitude mercenaire avérée ?

Alors naissent des pratiques insupportables : les entreprises, pour faire bonne figure, entendent promouvoir des valeurs communes… tout en accordant au P-DG des rémunérations dont la croissance annuelle ferait pâlir un caméléon adulte. Elles veulent redonner du sens à l'appartenance… tout en externalisant abusivement jusqu'à la gestion complète de leurs ressources humaines ! C'est peu dire que le contre-exemple est frappant.

Quant au niveau individuel, le management de la performance prend parfois des allures pathétiques de presse-citron, tandis que l'on tente à grands coups de coaching de panser les plaies des uns et la schizophrénie des autres ! Essayez donc, après cela, de fidéliser ces salariés désabusés et de les responsabiliser face aux enjeux stratégiques de leur entreprise !

Les valeurs d'entreprise, ou la bonne conscience à vil prix

Ah ! Les belles valeurs, les grandes valeurs ! Honneur, respect, loyauté, abnégation, transparence, fidélité, éthique... nous en passons et des meilleures. Elles fleurissent sur les chartes d'entreprise comme les pâquerettes dans les champs au printemps.

De grands-messes en petits comités, de conseils d'administration en séminaire de « moinagement », de développement durable en modèle social, les valeurs clés de l'entreprise vont bon train. Mais comme d'habitude, lorsque ce genre de grandes déclarations d'intention se multiplient dans les discours... c'est qu'en réalité elles désertent la pratique ! De là à parler du « management par les valeurs », il n'y a qu'un pas ! À quelle sauce ne l'aura-t-on pas mis, ce pauvre management, si pauvre qu'il en devient inexistant ! À croire que le paternalisme avait du bon, finalement !

Une pratique insupportable

Après avoir encouragé l'individualisme au travail et une soi-disant autonomie des collaborateurs, les dirigeants sont confrontés à un affaiblissement du sentiment d'appartenance à l'entreprise. Ils entendent, en promouvant des valeurs universelles, recréer du lien et faire travailler ensemble des salariés aux allures de mercenaires déboussolés. Bon, à la limite, pourquoi pas ? Le problème est qu'il faut du temps pour acquérir une identité culturelle, et que le court terme est finalement la seule valeur que les néolibéraux respectent avec une certaine constance.

Quid, par exemple, des principes édictés par l'entreprise Lambda[1], qui avaient pourtant fait plancher une centaine de ses managers sur ses valeurs il y a deux ans ? Depuis, le groupe s'est largement restructuré et ses valeurs ont été enterrées. Finie la solidarité ! Il paraît que les « survivants » de ce genre d'opération sont démotivés, et que cette démotivation engendre d'importantes baisses de moral, de fortes hausses du stress et une importante montée de l'absentéisme. Alors, lorsqu'on revient vers eux avec des « valeurs », ils se rappellent tous leur cousinage avec un certain Cambronne ! Qui peut avoir l'iniquité de le leur reprocher ?

Prenons par exemple la notion d'éthique, qui semble promise à un brillant avenir. La première chose qui nous étonne, en fait, est le pouvoir séducteur – très marketing – de cette valeur remise au goût du jour ; elle jouit même d'une popularité que la morale n'a jamais connue ! Nous savons bien que les deux mots renvoient rigoureusement, à l'origine, à la même signification ; le premier venant simplement du grec et le second du latin. Mais avec l'usage, on s'aperçoit qu'on ne prône publiquement l'éthique... que là où il n'y a plus, en fait, de morale.

La différence est patente :

- Celui qui parle de morale entend que les hommes, les choses et autres êtres vivants ont une nature et que leur respect est inconditionnel, fut-ce au prix d'un enrichissement plus faible ; son exigence touche à l'intime du comportement humain, et si sa référence est intérieure et personnelle, il n'en reste pas moins qu'elle présente un caractère universel pour tous les êtres humains.

- Ceux qui nous parlent aujourd'hui d'éthique veulent nous faire croire qu'ils sont conformes au modèle le plus en cours du marché, c'est-à-dire que leur image dans l'opinion correspond aux critères qui y font la mode. Comme l'exprime fort justement le sociologue J.-P. Le Goff[2] : « *L'éthique est devenue un outil de management et de communica-*

---

1. Vous pouvez mettre tellement de noms d'entreprises réelles que *Lambda*, qui symbolise le quelconque, les représente toutes...
2. *Le Monde* du 29 mai 2001.

tion qu'on manipule à loisir selon la conjoncture et les objectifs du moment. » Une chose et son contraire peuvent très bien, à six mois d'intervalle, devenir éthique... entendez par là être un argument de croyance pour l'opinion.

C'est probablement une des raisons pour lesquelles les grands groupes cherchent tous à acquérir des médias et qu'on voit désormais les grands patrons faire des rond de jambes dans les émissions de variété. Est-il vraiment besoin de dire qu'il ne suffit pas de promouvoir à grand renfort d'artifices des soi-disant « valeurs » pour créer et faire vivre une culture !? Surtout des valeurs aussi fourre-tout. Parler de « respect », par exemple, comme valeur fondamentale, est une vraie supercherie ! Tout dépend, en plus, de ce que l'on respecte ! Regardez le monde : il y a 36 poids, 36 mesures ! Et au respect de la personne humaine, on a tôt fait d'opposer le respect de la courbe ascendante des dividendes de l'actionnaire.

La création, en juin 2000, de l'ORSE (Observatoire sur la Responsabilité Sociétale des Entreprises) s'inscrit dans ce mouvement de prise de conscience. Frédéric Tiberghien, son président, affirme que « *les entreprises feront de plus en plus l'objet de notations sur des critères sociaux et éthiques* ». Où peut bien résider l'impact d'une telle notation ? Dans le seul lieu où l'entreprise soit dotée d'état d'âme et d'affectivité : en bourse ! Il paraît que les plus malins se précipitent déjà pour subventionner la création de ces sortes d'agences... on se demande bien pourquoi ? !

Un peu de bon sens !

Le développement durable, la responsabilité sociale, le respect de l'individu, l'engagement environnemental, les chartes éthiques : autant de thèmes qui impliquent, désormais, les entreprises dans ce qu'on appelle leur « dimension sociétale ». On peut se réjouir d'une telle prise de conscience, sans toutefois oublier qu'elle est surtout due aux pressions d'une exigence économique, et non philanthropique. Car ne nous leurrons pas : ni les entreprises, ni les actionnaires, ni même les salariés ne sont éthiques par nature. Le régulateur éthique est toujours de l'ordre de l'opinion, déterminée par l'image qu'une entreprise va donner d'elle-même. Et si un fond de placement préfère aujourd'hui une entreprise qui a déjà investi dans le développement durable à celle qui ne l'a pas fait, c'est bien parce qu'il estime que la seconde devra tôt ou tard investir à son tour, sous la contrainte de la loi ou de l'opinion. Autrement dit, l'honnêteté va finir par être le meilleur calcul, comme disait un grand homme d'État ; ce qui nous semble exprimer la définition stricte de l'immoralité. Mais c'est déjà mieux que rien !

L'ÉTHIQUE ? JE RIGOLE !
MON CHIEN AUSSI IL EN A !

BUSTO 2006

Examinons un peu comment l'éthique arrive dans la considération de l'entreprise économique : nombre de clients utilisent désormais leur pouvoir d'achat afin de faire pression sur les entreprises ; les associations de consommateurs montent en puissance et les agences de notation ont un rôle croissant... C'est sans doute l'une des raisons pour lesquelles la manipulation de l'opinion est à l'ordre du jour des orientations stratégiques des grands groupes. L'économie du savoir nécessite naturellement une économie de l'opinion ; c'est pourquoi la presse devrait être la première à dresser une charte éthique digne de ce nom.

Dans sa version positive, ce mouvement pourrait déboucher sur un véritable développement durable. Ce n'est pas le moindre de nos espoirs !

Comment **inculquer** à vos collaborateurs **les valeurs de votre entreprise** ?

QUELQUES CONSEILS POUR COMMUNIQUER VOTRE ENTHOUSIASME ÉTHIQUE.

Pour avoir l'air convaincu :

- Ne vous départissez jamais de la charte éthique interne, faites-en la page d'accueil de votre *blackberry*.
- N'oubliez pas de vanter à la cantine les vertus du commerce équitable.

Ne dites pas non plus :

- « Soyons réalistes. »
- « Je ne sais si nos valeurs seront les mêmes après la prochaine restructuration. »

Mais défendez haut et fort les valeurs durables de votre entreprise !

- Expliquez à vos collaborateurs que la Chine a les mêmes valeurs que vous, qui sont d'ailleurs universelles !

- La fidélité à ses salariés est le cœur et l'âme qui ont inspiré la charte de votre entreprise... même si dans les faits il faut s'adapter à la conjoncture.

- Dénoncez au besoin votre entreprise à l'organe de presse contrôlé par vos concurrents...

Dites, par exemple :

- En chantant : « Allons enfants de l'entreprise... »

- Au collaborateur que vous devez licencier : « Nous sommes fiers de vous. Grâce à votre passage chez nous, le monde vous est ouvert. »

- « Après tout, l'essentiel, c'est d'être sincère au moment où on parle... »

Prenons un peu de recul

Il faut décidemment revenir aux fondamentaux : non seulement ce n'est pas la recherche de l'autonomie des collaborateurs qui a conduit à l'effritement de la culture d'entreprise, mais encore, seule une culture d'entreprise réelle et forte et véritable permet aux collaborateurs de gagner en autonomie ! Ce n'est pas pour rien que tant de cadres – même et y compris supérieurs – se plaignent, au contraire, de leur manque d'autonomie : là où la culture s'affadit et ne correspond plus à une réalité vécue, il n'est plus de liberté possible !

Encore une réflexion de bon sens : regardons nos enfants ; ils ne nous obéissent pas, ils nous imitent ! L'exemple vivant est le seul moteur de la culture. Le « faites ce que je dis, pas ce que je fais » ne marche jamais. L'entreprise doit donc être la première à mettre en application les valeurs qu'elle prône si haut et si fort.

En définitive, l'erreur de fond que commettent ces dirigeants pathétiques est la suivante : s'il est vrai qu'une culture engendre des valeurs communes, il ne suffit pas de définir des valeurs pour créer une culture ! Une cellule vivante (matière organisée !) comprend de multiples éléments qui la composent, mais si vous divisez la cellule elle meurt, et il ne suffit pas de remettre ensemble un noyau, des molécules d'ADN, d'ARN, des mitochondries, etc., pour recréer la vie ! Ça se saurait ! Saint-Exupéry nous l'avait pourtant dit : « *La vie crée l'ordre, mais l'ordre ne crée pas la vie.* » Qu'on se le répète : voilà la seule valeur clé.

Mais d'un autre point de vue, il faut encore ajouter ici que, sous la notion d'intelligence économique, l'entreprise se doit de traiter explicitement de ses valeurs : il peut y aller de sa survie.

L'intelligence économique peut, en fait, être défensive ou offensive : plus connue du grand public, la configuration défensive est développée en interne par des grandes entreprises pour centraliser l'information en cas de crise majeure... à l'heure où un seul individu peut déstabiliser une multinationale. Internet se révèle en l'occurrence être l'instrument idéal pour véhiculer une rumeur, diffusée en temps réel, à l'échelle de la planète. Le management de crise ne suffit plus à enrayer une tentative de déstabilisation de cette nature. Et en cas d'agression « informationnelle », en effet, il est capital d'être capable d'identifier rapidement l'information nécessaire à la réaction, au démenti, à la négociation... et à la contre-attaque. D'autant que dans le monde très sensible de l'économie boursière, dès qu'il y a soupçon, il y a réaction négative.

De ce fait, l'information est à présent au cœur de la guerre économique – plus exactement elle en est le nerf. À l'ère des réseaux et de l'immatériel, c'est en effet la valorisation du capital d'information et de savoirs qui procure un avantage compétitif à l'entreprise.

La portée de cette valorisation s'entend du point de vue de la stratégie de l'entreprise, mais aussi d'un secteur ou d'un réseau. Il est à remarquer que la stratégie n'a pas, dans ce contexte, un sens univoque, et c'est là que nous pouvons situer la configuration offensive de l'intelligence économique :

- Ce peut être d'abord la stratégie actuelle d'une entreprise, celle qui entend structurer les activités présentes, dans leurs définitions et dans leurs développements, se présentant comme un plan établi, une « carte », permettant de situer une action dans un référentiel clairement circonscrit : elle est nécessaire parce que seule opérationnelle, mais dans sa phase d'exécution elle est déjà en retard sur l'intelligence économique.

- Ce peut être la projection d'un devenir global de l'entreprise, de l'objectif qu'elle vise à moyen ou long terme, sans forcément reposer sur des plans d'actions déterminés et dûment communiqués. Cette simple finalité stratégique veut se présenter comme une boussole permettant d'orienter l'ensemble des actions dans une direction délibérée. L'intelligence économique offensive trouve là son siège, et les interactions entre le public et le privé leurs justifications.

- Ce peut être la définition d'une politique sectorielle, présente ou future, de l'entreprise : stratégie financière, stratégie commerciale ou politique technologique, par exemple. Ces orientations spécifiques se présentent alors comme un itinéraire propre permettant de cibler certaines actions de manière systématique. Les anglo-saxons fonctionnent davantage que nous en ces termes plus globaux ; alors nous avons tendance à trop penser en terme d'entreprise... circonscrite.

- Ce peut être, enfin, le système cohérent des structurations et des actions qui sont élaborées, définies et exécutées à partir de l'état présent de l'entreprise, en vue d'une perspective stratégique générale. Cette perspective permet de faire jouer une complémentarité et une interaction des décisions prises, en fonction de la mise en système des environnements internes et externes de l'entreprise. C'est la phase opérationnelle de l'intelligence économique offensive.

Pour conclure, on peut remarquer qu'une véritable gestion stratégique de l'information doit intégrer les deux dimensions déterminantes du mouvement et du temps. Le mouvement prend en compte l'évolution des forces en présence et la direction dans laquelle elles sont susceptibles d'évoluer ; le temps apprécie la vitesse à laquelle ces évolutions peuvent s'effectuer. La complexité réside évidemment dans la multiplicité des évolutions possibles et la variété des vitesses de leurs différents développements.

Nous sommes effectivement au début d'une « révolution silencieuse », selon l'expression de M. Moinet, maître de conférence à l'Université de Poitiers ; elle modifie singulièrement les comportements des acteurs économiques et leur donne une lisibilité plus crédible.

Le discours sur les valeurs trouve alors un éclairage tout à fait différent.

Le spirit-management,
ou la « valeur » du sacrifice

Signe des temps ou ironie de l'histoire ? La religion n'est plus l'opium du peuple, mais elle est devenue l'extasy de certains dirigeants d'entreprise et le doping de leurs ressources humaines. Ça y est : le « Spirit-Management » est né ! S'il y en a parmi vous qui rigolent, qu'ils sachent qu'ils ne sont plus à la mode et en péril de se voir prescrire par leur entreprise un « formatage » adéquat au niveau éthique et humain...

De plus en plus de cadres et de dirigeants se tournent vers des congrégations religieuses et/ou spirituelles variées – parfois douteuses – pour redonner du sens à leur travail. Le phénomène prend de l'ampleur et mérite tout de même une vigilance critique.

Une pratique insupportable

Au moins ces congrégations et instituts très privés sont-ils – eux ! – vraiment désintéressés de la finance, motivés uniquement par ce « renouveau éthique et humain » des entreprises – nouveau terrain missionnaire – facturant quelques dizaines de milliers d'euros par personne et par an des formatages initiatiques tout à fait adaptés au soi-disant pragmatisme néolibéral. Après tout, c'est plus rémunérateur pour refaire les toitures que la vente de cire artisanale ou de savon bio aux herbes...

Allons, cessons d'ironiser. Il s'agit officiellement de permettre aux salariés de se ressourcer dans un cadre ou règne la sérénité, pour se retrouver et partager des valeurs communes, afin de redonner sens à leur travail en prenant un peu de recul, tout en redécouvrant leurs capacités de décision dans un monde qui manque de plus en plus de repères... Pourquoi pas ? Et puis, si les fonds récoltés peuvent permettre – dans le meilleur des cas – l'entretien de bâtiments historiques et la perpétuation d'une tradition monastique séculaire... nous ne voyons rien là de choquant en soi.

Mais si on creuse la problématique, on s'aperçoit vite que dans un environnement religieux (ou assimilé), on compte des valeurs qu'on ne trouve pas forcément dans des stages « incentives » plus classiques, et qui intéressent l'entreprise au plus haut point. Lesquelles ? Le calme ? Le recul ? Le partage fraternel d'un grand plat de mogettes au beurre ? Voyons... Naïfs que vous êtes ! Posez-vous la question deux minutes : comment fonctionne une congrégation religieuse, de quelque bord et inspiration qu'elle soit ? Sur un modèle communautaire et hiérarchique où l'intérêt particulier passe après l'intérêt général. Car ce qui relie un religieux à sa congrégation n'est pas de l'ordre de la relation contractuelle. C'est essentiellement une relation de don et d'accueil, dans une sorte de modèle fusionnel ou la personne est comme le membre d'un corps unifié. Il n'y a pas de relation fondée sur un contrat : il y a une règle, à laquelle il s'agit de conformer sa volonté, dans la haute vertu d'obéissance. Il n'y a pas de temps de travail : on ne compte pas le temps qu'on donne à la communauté. Il n'y a pas de vie personnelle : c'est la communauté qui compte avant ses propres désirs.

Bref, quel rêve ce serait pour une entreprise d'avoir des moines comme salariés ! « Apprenez-vous à vous sacrifier, regardez chez les moines comme ça fonctionne bien, voilà la vraie valeur humaine que nous défendons... » Il est certain que les machines sont nettement dépourvues de capacités sacrificielles volontaires...

Un peu de bon sens !

Que certains aient recours à leurs références culturelles ou religieuses, pour nourrir une réflexion sur leur travail ou leurs responsabilités, n'est en rien problématique. Ce qui l'est, en revanche, c'est l'utilisation perverse et sournoise que l'entreprise peut faire de ce bénéfice : le sacrifice considéré comme devoir. C'est bien l'idéal organisationnel que poursuit la vision actuelle : une entreprise formée d'éléments interchangeables dont l'implication dans leur tâche ne souffrirait aucun défaut.

Mais ce qui fonctionne dans une communauté n'est pas applicable dans une collectivité. En intégrant le don gratuit de soi comme une des valeurs fondamentales de l'entreprise, on utilise une vertu de l'humain en quête de sens pour réaliser le vœu le plus cher de l'idéologie de la productivité à tout crin : vider de son sens la nature contractuelle, observable et descriptible du travail, en faisant constamment et insidieusement appel à la notion de sacrifice, qui est par définition toujours au-delà du contrat. Même si le devoir de sacrifice se déguise sous la dénomination « d'investissement personnel ».

À n'en pas douter, ce n'est pas le vœu des congrégations religieuses dont nous parlions. Mais à tout le moins peut-on parler de naïveté. En espérant contribuer à l'humanisation de l'entreprise, elles donnent des armes à la pulsion la plus funeste du spirit-management : remplacer insidieusement un lien social contractuel par une sorte de sacerdoce ordonné, sans règles précises, auquel on doit pourtant se conformer sous peine de remettre en cause les valeurs de l'entreprise… et donc de manquer d'éthique ! Merveilleux sophisme qui ouvre la porte à des dérives funestes et formidable prétexte pour en demander toujours plus !

A minima, le risque n'est pas si grave : pour ceux qui échappent aux sectes, il pourra toujours en résulter une prise de recul bénéfique au regard du poids du quotidien. Le problème est que rapidement, ce vernis éthique de bonne conscience ne tardera pas à s'écailler en se confrontant à la réalité du monde du travail. C'est alors la logique du sacrifice obligé qui prend le relais, nous laissant un arrière-goût de manipulation : porte ouverte aux démotivations les plus profondes, d'autant plus radicales qu'elles ont été précédées d'espoirs prometteurs. Nous craignons que les entreprises qui s'adonnent à cette pratique n'aient alors beaucoup de pain sur la planche pour conserver une crédibilité éthique. Enfin… Dormez, braves gens ! On veille sur vous ! On s'occupe de tout !

Comment ne pas **se laisser sacrifier** inutilement ?

QUELQUES CONSEILS POUR SURFER SUR LE CREDO AMBIANT.

Pour rester en odeur de sainteté :

- Ne prenez pas l'air obséquieux de celui qui est prêt à tout dès que vous rencontrez votre DG. Ayez plutôt toujours l'air d'avoir une autre carte dans votre jeu.

- Ne mettez pas les autres en demeure de réciter le chapelet des valeurs d'entreprise : tâcher au mieux d'être efficace en comprenant que c'est difficile pour tout le monde.

- N'invoquez jamais des justifications spiritualo-transcendantes pour rendre bonnes les décisions que vous avez prises en sachant qu'elles ne correspondent pas du tout à vos propres valeurs.

Ne dites pas non plus :

- « Mes frères, souvenons-nous que nous ne sommes rien dans cette vallée de larmes, et qu'il faut bien supporter les sacrifices nécessaires à la survie difficile de nos actionnaires bienfaiteurs ».

- « Oraison capitalistique, ce soir, après le plateau-repas partagé en salle Shanghai... ».

- « Je ne peux évidemment vous accorder l'augmentation de salaire que vous demandez. Les bonnes œuvres de notre Directeur Général reconnaissent par contre la valeur intrinsèque du comportement altruiste dont vous avez su faire preuve face à la compétition effrénée que nous livre l'Ennemi ».

Mais ne vous laissez pas embrigader :

- Réfléchissez par vous-mêmes et ne vous dissimulez pas derrière des prétextes « supérieurs », mais assumez aussi clairement que possible les hiatus et la schizophrénie que vous impose le business.

- Soyez effectivement prêt à soutenir vos collaborateurs dans leurs propres difficultés de cohérence...

- Profitez de vos stages en abbaye ou en communauté pour vous ressourcer réellement sans vous illusionner sur le pouvoir temporel des préceptes spirituels.

Ne dites pas non-plus :

- À la fin d'un repas de stage : « Bon, d'accord, je veux bien finir le plat de mogettes...»

- « Durand a posé une semaine de vacances : quel manque de conscience professionnelle ! Peut-on vraiment compter sur lui ? ».

Prenons un peu de recul

La question du formatage tant désiré, parce que faisant passer les professionnels dans un moule de pensée unique, revient sans doute à interroger la qualité de la formation individuelle et collective.

On ne le répètera jamais assez : la formation professionnelle est la garantie du maintien d'un niveau de compétence – ce qui exige toujours une réactualisation régulière des connaissances et des pratiques – d'une part ; la mise en œuvre du développement et de la réalisation des potentiels d'autre part. C'est pourquoi on peut affirmer que les entreprises qui négligent la qualité de la formation – le plus souvent sous le couvert de raisons économiques à court terme – grèvent leur avenir à moyen et long terme. En ce domaine aussi, les standards du prêt-à-porter ne remplaceront jamais le sur-mesure à forte valeur ajoutée ; les subterfuges de la déresponsabilisation et de la bonne conscience ne remplaceront jamais la lucidité sur le caractère insupportable de ces pratiques.

Encore faut-il que l'entreprise soit capable d'orienter son développement en matière de compétence, c'est-à-dire qu'elle ait élaboré une véritable politique de formation. La politique de formation, à notre sens, fait intégralement partie des axes stratégiques majeurs d'une entreprise. C'est bien en fonction de ce qu'elle veut devenir, en effet, qu'elle doit se doter des compétences effectives, mais aussi stables et fidèles, dont elle aura besoin. Tous ses besoins en la matière ne sauraient se résoudre par des formatages en tous genres.

Les rémunérations titanesques, ou l'indécence normalisée

Ah, la rémunération des P-DG ! Après une tentative de législation en la matière, faisant obligation de publier les montants des salaires et des stock-options des mieux lotis, où en est-on ? Pas très loin, en fait. Il n'y qu'à lire la presse et les scandales à répétition pour s'en convaincre. L'idée n'est pas ici de se livrer à une curiosité malsaine sur le bien privé d'autrui ; mais de s'interroger sur le fonctionnement et le développement d'une société où les écarts de rémunérations entre la moyenne des employés et celle des plus gros salaires de l'entreprise est devenue proprement indécente !

Une pratique insupportable

Certes, les patrons français sont plus stressés qu'avant : les investisseurs lient de plus en plus la rémunération des dirigeants et la performance des entreprises. Ce qui semble, au demeurant, assez logique ! Le débarquement de patrons jugés peu efficaces et trop goulus crée un climat d'inquiétude chez nos P-DG, même s'ils partent en général avec une cagnotte qui permettrait à n'importe lequel d'entre-nous de vivre dans le luxe, sans plus travailler, jusqu'à la fin de ses jours !

En cette matière aussi il conviendrait d'arrêter l'hypocrisie. Certains ont publié leur maigre salaire, certes, mais de quoi est composée la rétribution réelle d'un P-DG ?

- D'un salaire de base : jusqu'à 5 millions d'euros par an en France ;

- D'une part variable, appelée prime ou bonus, indexée sur l'atteinte d'objectif : jusqu'à 200 % du salaire de base ;

- Les incitations à long terme, au premier rang desquelles figurent les stock-options : non communiquées pour la plupart[1].

- Les avantages en nature : voitures de fonction, prise en charge des frais d'étude des enfants, des frais de logement, de la couverture médicale… etc. Faites le calcul de ces petites choses dans votre propre cas, et vous aurez une idée de ce que cela représente !

- La prise en charge de tous les frais. Certains patrons de notre connaissance – et plutôt de PME que de multinationales – nous ont avoué n'avoir rien eu à payer de leur propres deniers pendant vingt ans… même les vacances à l'autre bout de la planète sont pudiquement qualifiés de « voyages d'étude » ; il suffit d'y positionner une réunion de deux heures, la rédaction d'un rapport ou une visite d'usine.

- Les retraites complémentaires et des pensions entièrement financées par l'entreprise et plafonnées sur la base… des derniers salaires !

- Les jetons de présence versés aux membres des conseils d'administration : jusqu'à 150 000 euros par an. Sachant que nombre d'entre eux sont administrateurs les uns chez les autres, histoire d'entretenir les bonnes relations.

- Sans compter évidemment les primes négociées de départ, les primes de bienvenue, les primes de fidélité.

- Sans oublier encore des primes spéciales pour opérations particulières, comme par exemple le million d'euros versé à l'époque au P-DG de Marks & Spencer pour la fermeture de plusieurs magasins.

Mais ce qui rend le tout plus insupportable encore, c'est qu'outre des rémunérations atteignant jusqu'à 500 fois le salaire moyen dans leur

---

1. Éric Leser, dans *Le Monde* du 9 juillet 2002, précisait déjà que « *Les revenus provenant des stocks options représentaient déjà en moyenne, à la fin des années 1990, près de 80 % de la rémunération des patrons.* » Pour l'exemple, Kenneth Lay, ex-P-DG d'Enron, avait reçu à lui seul 49 millions de dollars de stocks options et en avait réalisé 34.

entreprise, les mêmes patrons militent pour un abaissement du SMIC, voire sa disparition !

Tout ceci ne nous semble pas sain… et c'est sans doute pourquoi il est si difficile d'obtenir une vraie transparence. À moins que l'on dise, tel cet illustre personnage dont nous tairons le nom, que « *le peuple n'est pas mûr pour recevoir de telles informations* ». Sic ! Se pourrait-il qu'il se scandalise ? Choquant, non ?

Un peu de bon sens !

Plus sérieusement, on nous dira que la responsabilité assumée par ces grands patrons vaut bien pareille rétribution. Nous disons clairement : non ! Que leur rétribution totale soit égale à dix à vingt fois le salaire moyen de l'entreprise, cela nous semble raisonnable, en tous les cas proportionnel à ce que nous voyons comme réalité de terrain effective. Et encore cette proportion est-elle discutable dans bon nombre de PME-

PMI. Mais pas 200 à 500 fois plus, en bout de course, comme on le voit aujourd'hui !

On le comprend aisément : les actionnaires s'inquiètent ! Qu'on se partage le gâteau, soit ! Mais qu'il y en ait qui créent artificiellement un gâteau et se le mangent en « suisse » (sans jeu de mot !), ça ne va plus du tout ! Les actionnaires souhaitent donc de plus en plus revenir sur la définition et le partage d'objectifs de performance au niveau collectif et individuel.

L'idée est tout à fait censée : elle est de donner à chacun un reflet précis et concret de son investissement personnel d'une part, et de sa collaboration constructive avec le collectif de son entreprise d'autre part. La reconnaissance de son mérite – dont la part variable financière est le signe et le symbole – est évidemment pour l'individu un puissant facteur de motivation. À condition de ne pas déconnecter les critères d'obtention de la part variable… de l'appréciation de la performance réelle. Or les pratiques en la matière peuvent amener à formuler de sérieuses réserves.

Par exemple, indexer la part variable sur la création de valeur peut correspondre à une habileté pernicieuse. Il y a tant de facteurs qui jouent sur la création de valeur, indépendamment de l'investissement personnel et du mérite des salariés !

Quelles que soient les options de rétribution, plus ou moins opportunes et respectueuses des hommes – car il y a des modèles de rémunération variable constructifs, honnêtes et motivants –, la question de la définition des objectifs et des critères de performances qui serviront à leur évaluation demeure entière. Notre idée n'est pas ici de revenir sur les méthodes et outils du management par objectif ; elles sont fort connues, et d'ailleurs forts rigoureuses et efficaces lorsqu'elle sont correctement appliquées. C'est plutôt de pointer un effet pervers très classique, mais très destructeur de ce qu'on appelle encore les « ressources humaines », tout au moins destructeur de la motivation et de la fidélité des salariés. C'est la confusion de la performance et du résultat ; qu'elle soit volontaire ou involontaire d'ailleurs.

Certes, la croissance de la performance conduit à l'amélioration des résultats, mais elle en est une condition nécessaire, et pas suffisante. La corrélation systématique du résultat et de la performance est un sophisme de bon aloi ; et le recours aux maximes du pragmatisme à l'américaine, qui veut qu'il n'y ait performance que là où il y a résultat induit des comportements professionnels viciés. Cela amène les individus à « faire ce qu'il faut » pour obtenir à tout prix le résultat. Y compris à tricher ; y compris à tromper. Parfois même « à l'insu de leur plein gré »... Bref, il y a là un catalyseur très fort d'une corruption que l'on condamne par ailleurs sur le devant de la scène, avec une hypocrisie avérée.

Comment **affirmer votre mérite** si vous êtes P-DG ?

QUELQUES CONSEILS AVANT D'OUVRIR VOTRE PARACHUTE.

Pour avoir l'air compétent :

- Ne vous achetez pas un hôtel particulier de 50 millions d'euros, faites le louer par la boîte.
- Vendez régulièrement un gros paquet d'actions pour que le délit d'initié passe inaperçu le jour venu.

Ne dites pas non plus :

- « Quoi ? ! Mais je n'étais pas au courant de ces décisions de mes directeurs généraux ! Quelle surprise : je vais ordonner un audit ! ».
- « En fait, je suis incompétent ; je n'ai rien vu venir des problèmes qui nous accablent ! ».
- « Les pauvres, vous savez, je vois plutôt ça de loin... »

Mais inscrivez-vous dans le mouvement !

- Attention : à moins de 40 % d'augmentation annuelle, vous risquez de paraître incompétent.

- Annoncez toujours à vos actionnaires le montant de leur plus-value avant de publier l'augmentation que vous vous êtes fait attribuer par le conseil d'administration.

- Ménagez votre directeur général pour vous évitez une cabale dans la presse en cas de départ précipité.

Dites, par exemple :

- « Si je ne suis pas payé plus, je risque hélas d'être recruté par les Américains. Ce serait dommage pour notre entreprise citoyenne... »

- « Le salaire des patrons est en fait un véritable marché : il faut que nous soyons dans le coup, au top ! »

- Un cigare à la main : « Il ne faut pas exagérer ce qu'on lit dans la presse. Vous savez, on a toujours le salaire qu'on mérite ».

Prenons un peu de recul

Dans le meilleur des cas, les patrons sont rémunérés sur leurs résultats. Le management par résultat est une dérive du management par objectif mal compris. Nous pouvons ici étendre la réflexion à tous les salariés.

Le résultat – le plus souvent un chiffre à satisfaire – est l'une des composantes d'un objectif. Un objectif comprend aussi la définition négociée des moyens et des ressources ; un délai ; des indicateurs qualitatifs ; la façon dont les évènements, le respect des règles et le professionnalisme seront pris en compte ; des règles précises selon lesquelles l'atteinte de l'objectif sera évalué. Ne prendre en compte que le résultat écrase le temps (une année de travail se voit réduite à la comparaison entre un chiffre prévu et un chiffre réalisé) ; dénie la progression d'une conduite professionnelle et l'amélioration de la performance ; fait perdre la notion d'un objectif poursuivi, au profit de l'atteinte des seuls indicateurs quantitatifs. Nous avons connu des managers qui faisaient passer les accidents de travail en arrêt maladie pour ne pas grever leur intéressement ;

d'autres qui, pour les mêmes raisons, pointaient les entretiens annuels comme effectués lorsque leurs collaborateurs les avaient refusés. Ils ont atteint leurs résultats : c'est indiscutable puisque c'est chiffré ! C'est mathématique ! Mais nous disons qu'ils ont réalisé le contraire de l'objectif visé. Que l'on ne vienne pas nous dire que c'est pour mieux servir le client !

Que pensera un professionnel qui a fait mieux que ses concurrents sur le marché, mais dont le résultat reste médiocre dans la mesure où il n'a pas directement permis d'augmenter la valeur financière de son entreprise ? Il aura été performant et n'aura pas eu de bons résultats, donc pas de bonus. Vous nous direz : c'est toujours ça de pris sur l'ennemi ! Ben tiens ! Chacun pousse des cris d'orfraie sur la difficulté qu'il y a aujourd'hui à fidéliser les salariés. Mais la fidélisation commence peut-être par la reconnaissance de la conduite professionnelle d'une personne, et non uniquement par l'augmentation de son portefeuille. Car s'il l'augmente au prix d'un stress supérieur, de la dévalorisation de sa conduite personnelle et de ses convictions professionnelles, et souvent au prix de se déjuger lui-même parce qu'il a certes « fait ce qu'il faut » – y compris caser 60 heures dans 35 ! – pour avoir atteint son résultat et qu'il a du mal à se regarder dans la glace... est-ce bien encore un avantage ?

Il ne s'agit pas d'affirmer que la poursuite du résultat n'est pas au cœur de la réalisation d'un objectif. C'est une évidence ! Mais à indexer la part variable sur l'exclusive atteinte du résultat reporte la motivation sur une simple espérance de gain déconnecté, et non sur la qualité d'un professionnalisme. Or nous pensons que c'est cette qualité qui est à la source, à moyen et long terme, de la performance ; puis l'augmentation de la performance qui est à la source, à moyen et long terme, de l'augmentation des résultats.

C'est, au fond, une problématique de développement durable. Il parait que même les actionnaires s'y intéressent, désormais... Encore un signe d'encouragement !

Externalisation RH et désubstantialisation, ou l'ostéoporose du travail[1]

La fonction RH, il faut s'en convaincre, doit désormais créer de la valeur. De « la » valeur et « des » valeurs, c'est-à-dire des richesses financières et humaines ; humaines parce que financières à terme. Ainsi attend-on que le service des « Richesses Humaines » devienne une *business unit profit minded,* avec un DRH *business partner.* Telle une quête de cette pierre philosophale d'un genre nouveau permettant de transformer, non le plomb en or, mais le capital humain en bénéfice accru.

Une pratique insupportable

Mais d'où la logique de sens procède-t-elle, si ce n'est de l'intérieur de l'entreprise ? Nonobstant les grands discours et les déclarations d'intention, la gestion ou la supervision d'agents économiques a bien souvent remplacé le management des hommes ; il s'en faut de peu que certaines entreprises n'externalisent leur gestion des ressources humaines et leurs outils de management. Des sociétés de service RH rédigent déjà pour certains de leurs clients les lettres de mission, contrats d'objectifs, contrats de délégations, mènent elles-mêmes les entretiens annuels, évaluent les potentiels et apprécient les performances des salariés !

Nous nous souvenons de ce grand directeur régional d'une entreprise publique, qui avait osé nous demander de mener à sa place les entretiens annuels de ses collaborateurs, parce que cette situation de face-à-face

---

1. Nous tenons à remercier vivement Thomas Chardin pour ses éclairages et sa collaboration substantielle sur cette pratique.

l'insupportait. Imaginez-vous les dispositions d'un professionnel négociant ses missions et objectifs avec un prestataire externe ? Voyez-vous les conséquences sur la logique contractuelle et sur le sens de la contribution demandée ?

Ce serait pousser le paradoxe jusqu'à la contradiction, puisqu'il s'agirait de créer du sens à partir de l'extérieur. Imaginerait-on une fonction RH, portée par un DRH à temps partagé sous contrat commercial, assimilable à un *call center* anonyme, ou encore à une sorte de messagerie où les mots croient répondre aux mots, sans l'intonation ? Une telle conception de l'externalisation nous semble procéder d'une simple logique de coût, réductrice de valeur. Nous y oublions, comme d'habitude, les effets de sens, de proximité.

Un peu de bon sens !

Si la fonction RH devenait un super-intendant de prestataires, cela reviendrait à négliger fondamentalement la logique d'appartenance qui crée de la valeur.

Ce qui pose finalement une question de fond : quel est véritablement le gestionnaire RH ? N'est-ce pas prétentieux de reporter sur la fonction RH « la » responsabilité de toute la gestion des ressources humaines de l'entreprise ? D'autant que les différents courants de management n'ont jamais eu de cesse de remettre en perspective la responsabilité du manager, du responsable hiérarchique, du « capitaine » de l'équipe, voire de situer cette responsabilité au niveau d'une équipe plus ou moins élargie, par exemple, dans l'appréciation des collaborateurs avec le développement du 360° feed-back.

La problématique serait banale si elle ne se heurtait à la réalité humaine la plus élémentaire : les constats de la psychologie comme de la sociologie, de l'économique comme du politique, de l'éthique comme de l'histoire, nous enseignent que cette transformation-là ne relève pas de la seule alchimie financière mais aussi et d'abord d'une logique de sens. Il faut donc nous interroger sur le rôle que peut, doit – ou ne doit pas – jouer l'externalisation dans cette perspective.

Comment **conserver le sens** en interne ?

QUELQUES CONSEILS POUR NE PAS DÉLOCALISER LA FONCTION **RH.**

Pour rester manager :

- Ne demandez pas à vos subordonnés quels sont les objectifs fixés par leur prestataire-référent, histoire d'être au courant ; attachez-vous à définir vous-même le travail.
- N'appelez pas le prestataire chaque fois que vous devez vous adresser à vos collaborateurs.
- Ne demandez pas à ce que les partenaires sociaux soient désormais des prestataires chinois.

Ne dites pas non plus :

- « Les entretiens annuels ? Je sais pas, ce n'est plus moi qui m'en occupe. Demandez à la DEGOMOS... »
- « Ah ? Nous avons 40 % d'absentéisme ? Changeons de prestataire, alors ! »
- « Comment ça démotivés ? Alors que même des gens de l'extérieur s'intéressent à eux ! Les ingrats ! »

Mais inscrivez-vous dans la résistance !

- Demandez au prestataire quelle est la stratégie de votre entreprise : vous allez rigoler !
- Posez-lui des questions précises sur des critères ultra-confidentiels internes.
- Allez voir le président pour lui demander quelles missions lui a donné le prestataire ; dites-lui que c'est pour vérifier – bien que vous outrepassiez là vos responsabilités – que les vôtres sont bien en cohérence.

Dites, par exemple :

- Au prestataire : « Depuis que vous êtes là, nous avons enfin des objectifs ! Ils ne sont pas réalistes mais au moins ils sont clairs : c'est l'essentiel ! ».

- Au prestataire : « Et vous, qui vous les fixe, vos objectifs ? »

- À votre hiérarchie : « Évidemment que mon équipe ne fait rien depuis 2 mois : ils ont du retard à la DEGOMOS. Je vais les rappeler ! »

- Au comité de direction : « Vu l'état de conflit ouvert dans les services, je propose qu'on confie le management des équipes à une section de l'armée de terre ».

Prenons un peu de recul

La logique de sens que nous évoquions repose sur une idée très simple : les contributions individuelles et collectives sont d'autant plus performantes – et donc plus rentables – que le pourquoi en est clair pour chacun et pour tous, et que ce « pourquoi » intègre comme une donnée essentielle que les hommes doivent être considérés comme une fin et non seulement comme un moyen. Toutes les problématiques sensibles des RH d'aujourd'hui dépendent de cette idée : la motivation et la fidélisation des salariés, la rémunération et la reconnaissance des contributions, la formation et le développement des potentiels, l'évaluation des performances et la souplesse d'adaptation, le recrutement de nouveaux talents et la gestion des parcours, etc. D'où la question du « comment » gère-t-on les ressources humaines pour garder le sens de l'entreprise et de ses divers acteurs : les actionnaires, les salariés et les managers, les clients et la Cité ? Et qu'est-ce que l'externalisation offre comme solution pour optimiser – et à quelles conditions – ce « comment » ?

L'externalisation, outre son intérêt économique patent, présente surtout un intérêt stratégique : le recentrage sur le cœur du métier RH. Elle permet en effet de focaliser les moyens opérationnels sur ce qui est créateur de valeur pour la fonction RH et l'entreprise, autrement dit sur le management des hommes plutôt que l'administration du personnel. Faut-il vraiment rappeler que la performance d'une entreprise passe par la performance individuelle et collective de ses salariés ? La Gestion des Ressources Humaines a comme objectif de mobiliser et de développer les compétences de chacun et de tous pour une plus grande efficacité de l'organisation.

Aussi ne suffit-il pas d'externaliser pour se repositionner dans une efficacité accrue. La gestion des données permises par un SIRH fiabilisé par un prestataire est une condition nécessaire mais nullement suffisante pour une GRH réussie. La décision doit rester dans l'entreprise ; le management aussi.

Bref, il ne s'agit en rien « d'externaliser les RH » mais bien les contraintes inhérentes à leur administration, en faisant appel à un expert du sujet qui soit un véritable partenaire de l'entreprise. Les besoins peuvent être ponctuels, mais la proximité et l'efficacité doivent être continues !

Coaching et manipulation, ou le psy à la petite semaine

Avez-vous remarqué à quel point le coaching s'est, en quelques inénarrables années, taillé un franc succès ? Plus une officine de formation, plus un cabinet de consultant qui n'ait adapté son catalogue à cette demande du dernier hype ! Une pratique importée tout droit d'Hollywood, ou même les toutous à leur mémère ont leur coach en ville pour être de bon poil. Quitte à ne plus trop savoir ce qui se cache sous ce mot.

Certes, depuis quelques temps, la profession, soucieuse de son image de marque, tente avec plus ou moins de bonheur de marginaliser les charlatans, gourous et autres médiums qui ont naturellement saisi l'opportunité de booster leur fond de commerce. Mais il demeure encore très difficile de distinguer, en matière « d'entraîneur », un professionnel sérieux d'un bonimenteur habile ; un interlocuteur responsable d'un apprenti sorcier de l'irrationnel.

Une pratique insupportable

De fait, les marketeurs du consulting RH ont assaisonné leur offre de coaching comme on larde ou aille un gigot. Quitte à rebaptiser de ce doux nom anglo-saxon – donc immédiatement réputé pragmatique et performant – leurs bonnes vieilles pratiques de formations individualisées. C'est fou ce que le renouvellement de cette profession doit au simple changement de vocabulaire ! Pour peu que le « packaging » conseil-formation ait subi un « reingineering » au « top » du marché… et c'est une affaire qui roule.

Il y faut évidemment un peu de psychologie pour avoir l'air d'un initié quant aux ressorts inconscients de son client... mais un vade-mecum quelconque ou autres manuels fleurissant sur les rayons de librairies peuvent généralement faire l'affaire : la crédulité des gens à ce sujet est en effet à la mesure de l'ignorance habituelle des entreprises en matière de psychologie humaine. Il suffit même parfois, pour ouvrir toutes les portes, d'introduire dans son discours les mauvais « tubes » de la psychologie vieillissante : programmation neuro-linguistique (PNL), analyse transactionnelle, gestalt-thérapie, hypnose eriksonienne... Et pourquoi pas, tant qu'on y est, la « réduction phénoménopsychologique transcendantale » ou la « résilience incubationnelle » ? Certes, tout n'est pas à rejeter dans ces notices techniques à la mode, loin de là. Nous disons en revanche que ce sont davantage des ressorts de manipulation et d'influence à la portée de tous que de véritables outils de développement personnel. On travaille sur le paraître, en recollant les plâtres, pas sur la réalité professionnelle.

Ainsi lorsque nous entendons certains coach déclarer « qu'être coach, ce n'est pas ajouter une couche supplémentaire à ses compétences. Cela suppose une transformation identitaire profonde »... nous sommes plus inquiets que rassurés. Car nous supposons qu'il en ira de même, « transfert »[1] oblige, pour le client ?

Il reste que proposer à quelqu'un en difficulté « une transformation identitaire profonde » a toujours fait recette. En particulier lorsque les repères traditionnels de la culture et de la religion s'effritent ou s'effondrent peu à peu, et qu'il faut trouver une alternative à la cartomancie ! Bref, la tâche n'est pas facile !

Il faut bien avouer, malheureusement, que les sectes en tous genres ont vu dans le développement du coaching une occasion rêvée pour rendre dépendants des adeptes de marque ; les directions d'entreprises ont toujours fait partie de leurs cibles privilégiées. Il est tellement facile, pour des individus possédant quelques notions de psychologie, de

---

1. Terme utilisé en psychanalyse et bien souvent défini comme le « lien affectif » qui s'établit entre le patient et l'analyste, selon les lois d'un dynamisme inconscient, amenant au double jeu du mimétisme et de la résistance à l'identité.

psychanalyse ou d'un de ces nombreux spiritualisme (New Age, scientologie, etc.) qui fleurissent aujourd'hui dans le monde du travail, de prétendre posséder les clés de l'hémisphère droit du cerveau : résoudre les problèmes de l'irrationnel qui sous-tendent la vie de l'entreprise et tout particulièrement celle... de ses dirigeants !

Un peu de bon sens !

Dès lors qu'on prétend travailler sur un objet non descriptible, et par conséquent non mesurable, on peut avoir le sentiment d'agir sur des ressorts non objectifs, non raisonnables, voire irrationnels. Et là est peut-être l'erreur : nombreux sont ceux qui croient que ce qui n'est pas immédiatement mesurable et scientifique relève de sphères occultes ; et que là où les méthodes scientifiques et organisationnelles échouent, il faut se tourner vers les arcanes de l'inconscient, de l'émotionnel, du développement mental... etc., toutes choses où n'existe plus – s'imagine-t-on – aucune règle. Ou du moins, ne les connaissant pas et se trouvant désemparé face à ces contradictions et ce terrain mouvant, on confie aveuglément son âme à ce prêtre d'un genre nouveau... mais rentable pour l'entreprise.

Notre propos n'est pas du tout de discréditer le coaching dans son ensemble ; bien au contraire il invite à développer le coaching sur une base saine et authentiquement professionnelle, libérée de ses abus et de ses contrefaçons.

Dans sa version sérieuse, le coaching n'est pas une pratique en marge, radicalement différente, détachée des compétences professionnelles « normales ». Il s'appuie sur la base solide du consulting traditionnel ; il ne peut faire l'impasse d'une analyse claire des modes d'organisation et de structure – avec l'approche système qu'elle implique –, des processus de prise de décisions et des pratiques managériales observables, ainsi que des orientations et contextes stratégiques de l'entreprise au sein de laquelle il intervient. En ceci, il ne s'identifie pas à un accompagnement psychologique et professionnel individuel. Il permet par contre à son bénéficiaire – par le recours à un « œil » extérieur – de ramener les problèmes à leur juste proportion et de ne pas les exacerber ; nombre de problèmes, en effet, n'existent parfois que par l'importance qu'on leur donne.

En outre il ne faut pas oublier – pour ne pas en être dupe – que dans le coaching professionnel (et non privé), c'est l'entreprise qui est commanditaire. Les multiples intérêts en présence sont donc bien à inscrire dans un tout cohérent.

Le coaching doit, à cet effet, reposer sur des compétences effectives, qui permettent de faire évoluer un professionnalisme chez le client, et non sur l'agitation désordonnée de ressorts inconscients, de possession psycho-affective, de combinatoire psychologique et autres jeux de pouvoir.

Nous vivons dans des entreprises où la seule contrainte de réalité économique et l'exigence de résultats prétendent guider la manière d'agir des hommes. Le système a montré ses limites : comment motiver et fidéliser, comment appeler à une créativité des professionnels que l'on a amputés – sous la contrainte incontournable du marché – des deux tiers de ce qu'ils sont, des deux tiers de ce à partir de quoi ils « fonctionnent » ? Comment surmonter cette contradiction grandissante et handicapante pour n'importe quelle personne humaine ?

Il faut comprendre que la subjectivité des personnes est une réalité objective et objectivable en une véritable connaissance. Un coach compétent est celui qui possède une connaissance approfondie de la nature humaine et de son fonctionnement, aidant son client à progresser dans cette connaissance de lui-même et à tenir compte de tous les aspects de sa propre réalité, au lieu de se cantonner au seul descriptible extérieur. Il ne s'agit finalement de rien d'autre.

Mais les fils de Descartes, de Comte et de Durkeim – que nous sommes majoritairement, par imprégnation culturelle – n'imaginent pas que ce qui n'est pas mesurable puisse être l'objet d'une connaissance rationnelle. Dire que les émotions, les représentations et les croyances, l'intuition, le relationnel, le mental, etc. ne relèvent pas de la raison et de l'intelligence n'est qu'une petite partie de la vérité. Certes, ils ne suivent pas les mêmes chemins en nous, se présentent de manière moins consciente et ne s'expliquent pas toujours par « A+B » ; mais cela ne signifie pas qu'ils soient déconnectés de tout processus raisonnable ! Leur origine n'est pas dans une motivation rationnelle ; mais cela ne signifie pas qu'elle soit irrationnelle, au sens où elle échapperait à toute connaissance et à toute maîtrise raisonnable.

En fait, le coaching vise à un rééquilibrage des fonctions qui président au fonctionnement de la nature humaine dans son ensemble : l'intégration de la réalité ; la notion de l'imaginaire ; la transcendance du symbolique.

Comment **ne pas se retrouver** sous la dépendance d'un gourou… ?

QUELQUES CONSEILS POUR NE PAS ÊTRE SOUS INFLUENCE.

Pour garder votre liberté :

- Ne vous sentez pas en situation psychanalytique
- Ne vous tatouez pas sur le bras le numéro de téléphone de votre coach.
- Refusez de vous faire faire un piercing sur le téton gauche en symbole de soumission.
- Refusez les majorations discrètes payables en liquide...

Ne dites pas non plus :

- « Allo, coach, c'est encore moi ! J'ai un doute... qu'est-ce que je dois faire ? »
- « Non, je ne peux prendre de décisions tout de suite, mon coach est parti en séminaire. »
- « Je me suis fait raser la tête, d'accord, mais j'en ai profité pour franchir un grade initiatique. »

Mais profitez de la situation !

- Arrivez plus tard le matin pour vous laisser le temps d'interpréter vos rêves.
- Prenez plus de temps à midi... vous avez tellement de choses à digérer !
- Profitez-en pour être odieux(se) : vous avez enfin une bonne excuse.
- Après tout, le coaching, c'est comme une longue convalescence...

Dites, par exemple :

- « Ça va vachement mieux depuis quelques temps... Ah, bon, pas toi ? »
- « Je suis en plein coaching personnalisé. C'est un travail énorme ! Je vous laisse donc la responsabilité de ce dossier... »
- « Je suis en pleine restructuration perso en ce moment : je te laisse t'occuper du plan de licenciement... »

Prenons un peu de recul

Le coaching n'est pas un traitement psychologique des problèmes professionnels. En revanche, il touche évidemment à une certaine dimension psychologique. Il consiste notamment en un travail progressif et patient sur notre système de représentations. Mais encore faut-il bien comprendre cet aspect : ce que nous avons coutume d'appeler notre « conscience » est structuré par un système de représentations, acquis depuis nos origines, au long de notre histoire, de notre formation, de notre expérience, de la manière dont se sont cristallisés nos rapports avec les autres ; nous n'avons d'ailleurs pas une conscience complète de ce système et de la tyrannie qu'il exerce sur notre pensée et sur notre imagination, sur nos affects et sur nos sentiments, et par conséquent sur les conditions de notre créativité... et partant, sur celle de nos collaborateurs. La créativité nous oblige en effet à recevoir, regarder ou concevoir des « choses » qui outrepassent, voire contredisent absolument notre système. Et comme c'est à partir de ce système que nous jugeons spontanément, cette contradiction peut devenir en nous, à notre insu, un véritable obstacle.

Le coaching vise ainsi à une « prise de conscience », à une « perception » des réalités internes et externes qui président aux orientations, choix et décisions que nous prenons. Permettant de regarder l'obstacle pour ce qu'il est, il permet ainsi souvent de le franchir. Tout au moins nous permet-il de nous mettre en face d'un choix, là où nous étions persuadés de ne pas en avoir. C'est déjà pas si mal !

Les tentatives de fidélisation, ou le contrat de dupes

La problématique de la fidélisation des salariés se pose aujourd'hui aux entreprises de manière accrue. Il faut dire qu'à force de dénigrer ses employés sous tous les « bons » prétextes pragmatiques possibles – en espérant secrètement des salariés mercenaires et aisément interchangeables – on finit quand même par éroder un peu l'attachement du dit salarié vis-à-vis de son employeur… Du coup, l'hémorragie de talents et de compétences-clés se généralise, touchant des secteurs jusqu'alors épargnés par ce phénomène : le domaine de la finance, par exemple, connaît aujourd'hui les difficultés dont souffre le high-tech depuis quelques années, à savoir un turn-over de plus en plus important. Et c'est ainsi que les entreprises mettent en place, notamment pour leurs jeunes embauchés, certaines tentatives de fidélisations qu'il nous apparaît nécessaire de décrypter.

Une pratique insupportable

Il est clair que la perte de repères et de sens qui pollue le quotidien de nombreux collaborateurs n'est pas sans conséquences sur leur comportement professionnel ! Du coup, le management tente – avec plus ou moins de bonheur, disons-le – de trouver toutes les bonnes idées pour fidéliser ces salariés déboussolés et les convaincre encore de développer leur performance avec enthousiasme.

Encore que, quand nous disons « toutes les bonnes idées »… il ne faut peut-être pas exagérer ! Par exemple, leur fixer des missions et des objectifs clairs dans une stratégie d'entreprise cohérente à long terme, ça, on ne peut pas leur permettre ! Récompenser le travail accompli et reconnaître leur personne comme telle dans leurs investissements respectifs et collectifs, ça, ce n'est pas très « bon » ! Vouloir écouter ce qu'ils ou elles demandent, tout simplement, ça, on ne peut pas leur donner ! Parce que figurez-vous, ça leur suffirait peut-être amplement pour « doper leurs performances » et les rendre plus « fidèles » !

La situation est telle qu'elle inquiète sérieusement – dans le contexte aggravant du papy-boom – nombre de dirigeants de notre connaissance. Mais quelles sont les motivations plus précises de ces salariés et managers ? Auraient-ils perdu toute morale ? Ah oui, parce qu'il faut que nous vous précisions cette conception schizophrénique de la « morale » : l'éthique de l'entreprise est d'être libérale et d'améliorer sa rentabilité et les dividendes de ses actionnaires par tous les moyens... mais l'éthique du salarié devrait être de ne pas être libéral, d'être « attaché » et fidèle à son entreprise, dévoué et zélé à servir des intérêts plus grands que lui !

Enfin... pour éviter les questions qui fâchent, nos organisations contournent encore une fois le problème de fond en proposant un certain nombre de solutions, qui autorisent tous les contrats de dupe.

Cela commence dès l'embauche, où l'on cherche à donner très vite à la nouvelle recrue des responsabilités valorisantes et à la faire ensuite évoluer par un alléchant plan de formation. Le fait n'est pas nouveau et de nombreuses entreprises font ce genre de choses depuis belle lurette ; mais en faire une condition contractuelle, à l'embauche, pour attirer le chaland : ça, c'est nouveau. Il est certain que si la marque de confiance se double d'un droit à l'erreur et d'une garantie d'évolution, cela peut être assez motivant pour un jeune. Le problème est de savoir combien de temps on va pouvoir se payer ce luxe, car si ce qui est promis devient dû... bonjour les frustrations !

Un autre moyen pour attirer et fidéliser les cadres est la négociation individualisée du contrat de travail, avec personnalisation des rythmes d'activité et du plan de carrière à la clé. Voilà qui semble réellement novateur ! Mais l'entreprise étant ce qu'elle est, vous avez intérêt, à faire formaliser noir sur blanc cette innovation dans un contrat en bonne et due forme !!! La mondialisation pourrait rapidement contraindre votre

employeur (bien à regret, croyez-le) à revenir sur certains de ces engagements. Vous savez ce que c'est… À la guerre comme à la guerre…

De nouvelles pratiques de « rétribution » – et plus seulement de
« rémunération » – sont également au goût du jour. Et là encore, tant
mieux, puisqu'il s'agit, outre le seul aspect monétaire, de s'intéresser
plus globalement à ce qui permet aux salariés d'atteindre leurs objectifs
de carrière ou de réaliser un meilleur équilibre entre vie privée et vie
professionnelle. Autrement dit, on voit apparaître des exigences globales de vie et de condition de travail comme contre-partie de la contribution professionnelle, ce qui demeure une excellente nouvelle ! Ainsi va-
t-on rencontrer à nouveau des cadres plus sereins, aptes à prendre du
recul et un peu de profondeur de champ ! Si les entreprises pouvaient
comprendre, à l'expérience, que c'est leur plus grand intérêt, alors il y
aurait enfin, à l'ouest, quelque chose de nouveau !

On peut même aller plus loin en terme de bien-être de ses collaborateurs : cours de cuisine, d'œnologie, de gym ou de jardinage, thalassothé-
rapie, massages corporels aux huiles essentielles, soins du visage, initia-
tion aux techniques de relaxation, hammam et jacuzzi. À quand les
grandes soirées dans de luxueux hôtels de passe, comme cela se pratique
déjà au Japon ? Photos à l'appui, l'entreprise possédera à coup sûr un
argument de poids pour « fidéliser » ses salariés...

Moyen moins créatif, mais qui prouve toujours une certaine efficacité :
les sous. Avec une bonne prime de fidélité ou de bienvenue, dite
« Retention bonus », on peut cultiver ou créer un sentiment d'attachement. C'est l'argumentation d'influence, dans son acception la plus
stricte, qui pose quand même un problème de fond : ces primes, négociées dans la confidentialité des entretiens annuels ou d'embauche,
n'entravent-elles pas la liberté fondamentale de démissionner, propre à
chaque salarié ? Un arrêt de la Cour de cassation[1] risque de compliquer
encore la tâche des employeurs. L'affaire vise une entreprise ayant
donnée une prime de fin d'année à une employée de bureau contre
« l'engagement de la rembourser » si elle donne sa démission avant le
30 juin suivant... ce que ladite employée – Oh ! L'ingrate ! – n'a pas
respecté. En bref, la Cour a condamné l'entreprise qui voulait lui repi-
quer la prime. Attention, une parade existe néanmoins : l'employeur n'a
qu'à verser cette enveloppe par anticipation, en précisant sur le bulletin
de paye qu'il s'agit d'une avance. Car en cas de départ anticipé, une
avance est a priori plus facile à recouvrer qu'une prime. Vous voilà
prévenus !

Dernier moyen quand tous les autres ont été utilisés : le mensonge
éhonté. À utiliser en cas de mobilité douteuse, par exemple quand le jeu
des vases communicants oblige à affecter un de ses bons éléments à un
poste moins intéressant que celui qu'il occupe déjà. Haute voltige argu-
mentative, surtout quand le poste demande plus de travail et de responsabilités pour une augmentation de misère, avec moins d'avantage et
dans un environnement plus hostile : « Mais si c'est intéressant pour
toi... Ça te fera une très bonne expérience... Et puis c'est très très bon

---

1. Cass. soc, 18 avril 2000, n° 97-44.235

pour ta carrière… Tu verras ce sera très très très passionnant… Et puis ça te changera… Ça te donnera des perspectives d'avenir chez nous que tu n'aurais pas sinon… ». C'est ça, et ma grand-mère est championne de bobsleigh…

Un peu de bon sens !

Reprenons le problème au départ : on réclame des individus qu'ils adhèrent à des valeurs qui motivent leur investissement dans le travail, sa qualité, leur fidélité à leur entreprise, etc., etc., etc. Mais il faut éclairer notre lanterne : pourquoi s'investiraient-ils dans leur travail s'ils ont toutes les raisons de penser que, nonobstant leurs performances, ils ne savent pas ce qu'ils seront dans six mois ou un an ? Et non seulement ils ne savent pas ce qu'ils seront, mais ils ignorent encore où ils seront, dans la mesure où chacun est désormais susceptible d'être remercié (sic ! Ah, la langue française !) à tout moment, très poliment bien entendu car avec préavis. Donnez-nous une seule raison valable, au niveau de la rationalité la plus élémentaire, pour qu'ils soient enclins au dévouement jovial ! Le sacerdoce ? La patrie ? L'éthique (et laquelle ?) ? Le service de l'Ordre Nouveau ?

Personnellement, nous n'en verrions qu'une qui tienne à peu près : la nécessité ! La seule nécessité ; ce n'est pas une motivation bien transcendante : nous avons besoin de travailler pour subsister et faire subsister nos familles, mais ce n'est alors plus notre travail qui nous « fait vivre ». Et toute notre capacité d'investissement, de créativité et de réalisation, nous la mettrons ailleurs. Qui plus est, nous allons nous comporter avec nos entreprises comme elles se comportent avec nous : nous ne leur reconnaissons aucune « raison supérieure » qui les autoriserait à nous utiliser… puis à nous jeter ; ou bien alors nous nous arrogeons le même droit ! Nous leur retournons les valeurs qu'elles appliquent à notre endroit, et pas celles auxquelles elles nous demandent hypocritement d'adhérer sans les respecter elles-mêmes en premier. La stratégie du donnant-donnant est encore la meilleure, là aussi, en définitive ! Au reste, n'est-ce pas la logique même du libéralisme ? Ceux qui réclament un libéralisme maximal et sans autre valeur que la liberté totale du Marché livré à lui-même, ne peuvent pas dans le même temps réclamer un collectivisme servile et des valeurs d'entreprise pour ceux qui y travaillent : c'est une incohérence qui n'a aucune chance de survie.

Outre ces tentatives de fidélisation plus ou moins douteuses, une idée fondamentale semble faire son chemin : le postulat selon lequel la productivité d'un salarié sera d'autant plus élevée que l'équilibre entre sa vie professionnelle et sa vie privée sera préservé. Mais alors c'est au salarié en question de veiller à cet équilibre ! Pas à l'entreprise ! Qu'il négocie donc avec elle, en fonction de son choix de vie et de ses valeurs ! Voilà une chose qui ne cesse de nous étonner : il est tellement peu dans la culture de l'entreprise de se placer sur le même terrain que ses employés, qu'elle envisage d'abord de penser à leur place, avant d'écouter ce qu'ils demandent et de convenir d'un intérêt mutuel. Dans cette voie encore, nous croyons qu'il n'y a pas d'avenir.

Du coup, on voit apparaître une nouvelle attitude chez les salariés en général, et chez les jeunes managers en particulier, vis-à-vis de leur entreprise : ce ne sont plus ces dernières qui font leur marché à l'emploi auprès de candidats se disputant les postes ; ce sont au contraire les candidats qui considèrent désormais les entreprises comme un marché à optimiser. Ils ont parfaitement remarqué que les organisations avaient tendance à les traiter comme des pions et à les « jeter », à l'occasion, sans le moindre scrupule en raison d'intérêts qui leur sont étrangers. En conséquence, ces candidats de tous âges et de tous niveaux hiérarchiques n'ont eux-mêmes pas plus de scrupules que d'états d'âme à passer d'une société à l'autre.

C'est particulièrement vrai pour les jeunes générations, dénuées du lien affectif envers leur employeur que pouvaient encore ressentir leurs parents. Elles sont devenus exigeantes et n'hésitent plus à optimiser leur parcours personnel. En définitive, les jeunes cadres regardent l'emploi comme un produit : ce n'est plus l'entreprise qui les « achète », ce sont eux qui achètent leur emploi, et ils font jouer la concurrence entre les « fournisseurs », comparant les données techniques, le retour sur investissement, et les services garantis. Il faut donc aujourd'hui, pour les entreprises, avoir une véritable approche client de leurs cadres... sous peine de les voir changer de fournisseur.

Facteur aggravant, le très prochain départ en masse des générations nées lors du baby boom, qui va raréfier les talents et par conséquent leur donner une valeur croissante. Il va sans aucun doute faire meilleur d'arriver sur le marché du travail dans les dix ans qui viennent que dans les vingt qui viennent de passer ; et ceci sans que le chômage ne soit significativement remis en cause. C'est extra, non ?

Il y a quand même là un paradoxe assez amusant : les ultra-libéraux, qui vantaient l'individualisation et la contractualisation de gré à gré entre l'entreprise et ses salariés... sont aujourd'hui furieux que les salariés se comportent ainsi ! C'est qu'ils n'avaient envisagé les choses que dans un sens, et qu'ils n'imaginaient pas que les managers se comporteraient comme des libéraux ! Non mais dans quel monde vit-on : on ne peut même plus « exploiter » les ressources humaines sans contre-partie !

Comment **ne pas se laisser abuser** par le miroir aux alouettes ?

QUELQUES CONSEILS POUR EXPLOITER LE SYSTÈME SANS CRÉDULITÉ EXCESSIVE.

Pour tenter la fidélité :

- N'ayez jamais l'air satisfait, laissez toujours entendre que vous êtes « chassé(e) ».
- Ne sautez pas sur le premier avantage qu'on vous propose, mais étonnez-vous de son ridicule.

Ne dites pas non plus :

- « Pour les trois ans qui viennent, je voudrais... ».
- « Puisque j'ai votre parole... ».
- « Je suis satisfait de nos accords. »

Mais mettez la pression !

- Refusez les menus avantages comme indignes de vous.
- Négociez comme chez votre banquier ou un concessionnaire automobile.
- Laissez traîner sur votre ordinateur tous les cookies des grands sites internet de recrutement.

Dites, par exemple :

- « Si je suis encore là l'année prochaine, j'entends bien avoir... ».
- « C'est drôle, on me propose un plus haut salaire ailleurs avec en plus un bureau fen-choui et des séances d'UV gratuites... ».
- « Et si nous jouions dans la même cour ».

Prenons un peu de recul

Il faut dire que les contextes ancestraux qui permettaient à une personne de trouver une raison stable pour s'impliquer dans son travail sont aujourd'hui révolus. Les comportements cyniques des entreprises en matière sociale ont fait tomber les illusions ; la réduction du syndicalisme et le management par objectifs se sont forgés au prix d'un individualisme accru ; le sens de l'œuvre et du service s'est noyé dans la violence du marché ; la valeur s'est déplacée du travail sur l'argent ; la mondialisation libérale a sonné le glas des scrupules moraux traditionnels.

Comment trouver encore des ressorts de motivation ? Ou, autrement dit : qu'est-ce qui peut pousser un individu à « donner » ? La motivation vient en effet poser la question du pourquoi de notre implication personnelle.

La réponse contractuelle par avantages financiers ou en nature, outre qu'elle ne s'adresse pas à tout le monde, ne résout qu'une partie du problème ; elle fait entrer dans une logique de donnant-donnant matériel qui peut augmenter la « contribution » de quelqu'un, pas nécessairement sa motivation. Il y a une différence importante entre les deux : la première incite à faire plus pour avoir plus, individuellement ; la seconde incite à faire mieux pour être mieux, dans le développement d'un bien commun : c'est pourquoi seule la motivation porte avec elle un ferment durable de créativité et d'innovation.

Une piste possible consiste à reporter la valeur de l'argent sur le travail, et du travail sur l'homme. Exprimons-le trivialement : selon que je sens qu'on a besoin de mon « chiffre », qu'on a besoin de mon « travail », ou qu'on a besoin de « moi », mon comportement varie du tout au tout et ma motivation avec. Or la tension commerciale permanente qui règne désormais dans les entreprises a tendance à amalgamer toutes choses autour du seul chiffre : cela fait vivre les sociétés, pas les hommes. C'est le grand dilemme de la modernité. La vie est inséparable de l'action ; et se sentir sujet – et non objet – de son entreprise, sujet dans son travail, sujet dans son équipe... nous paraît être un facteur déterminant de motivation, dans le service que nous avons à « rendre »...

Être nommé, appelable, appelé, reconnu comme l'égal de tout autre, même si ses responsabilités sont différentes, donne au sujet le sentiment de son existence, de compter pour autrui, d'être quelqu'un pour l'autre, un interlocuteur valable. Le travail reprend alors un ressort qu'il est en passe de perdre : il peut faire « vivre » quelqu'un. Quelqu'un qui se sent dès lors appelé à donner de lui-même, justement parce que ça le fait vivre !

Sans doute la réalité des marchés renvoie-elle notre propos au rang d'une douce utopie. Certes ! À moins qu'on ne regarde les choses dans la logique même du marché : la démotivation finit par avoir un coût énorme, même s'il n'est pas toujours directement mesurable. La fidélisation n'est pas d'abord un problème de surenchère financière ; elle est un problème de motivation. Il serait temps d'y songer.

L'incompétence partagée

« Dans la division du travail, les hommes deviennent généralement aussi stupides qu'il est possible à un être humain de le devenir. »

ADAM SMITH

Il n'est pas besoin d'être grand clerc pour comprendre que de telles pratiques d'abus de pouvoir et de déresponsabilisation, aboutissent invariablement à un abaissement du niveau de compétence. C'est l'objet de notre troisième partie.

Il faudrait considérer, non pas que les hommes « sont » des ressources – c'est-à-dire qu'on peut les traiter comme des choses –, mais qu'ils « ont » des ressources ; et qu'il faut les convaincre d'orienter ces ressources au service de l'entreprise, de la manière la plus adéquate possible dans un temps et un lieu défini, dans un contexte et des environnements circonstanciés. Mais encore faut-il leur permettre ou leur en donner les moyens, c'est-à-dire, en premier, leur donner du temps : du temps pour se cultiver et se renouveler ; du temps à consacrer au vrai travail et non à une présence inintelligente parce qu'il est de bon ton d'adopter des horaires de banques d'affaire, histoire de faire sérieux, performant et d'être bien noté dans des évaluations débilitantes !

Tout semble fait pour privilégier les apparences sur le développement de compétences effectives. Du coup, chacun soigne davantage son réseau que son travail, et passe plus de temps à son reporting qu'aux actions nécessaires. Il faut dire que les objectifs stratégiques changent tellement souvent, qu'il est plus raisonnable de s'assurer de ce qui dure !

Sans compter que l'on peut jouer sur les partenariats extérieurs pour saupoudrer le tout de références sécurisantes : les auditeurs, conseils et formateurs en tous genres trouvent dans l'incompétence partagée – qu'ils ont soin de ne pas dévoiler, sauf si c'est l'objectif qu'on leur a commandé – un fond de commerce intarissable ! Concédons-leur qu'ils subissent, comme tout le monde, la dure loi du marché. Nous n'avons pas toujours nous-mêmes échappé à ces pratiques…

Enfin, la meilleure façon de partager l'incompétence est à nos yeux une application dévoyée, mais fort commode, du principe de subsidiarité.

Le temps de présence, ou le sérieux du cadre

Il est à la mode dans nombre de nos entreprises, lorsqu'on y possède le digne statut de cadre, de penser que notre responsabilité consiste à rester dans les locaux suffisamment longtemps pour donner à ses collaborateurs, et surtout à sa hiérarchie, le sentiment d'une implication personnelle optimale et d'une efficacité crédible, quitte à occuper une grande partie de ces heures quotidiennes à faire, en fait, de la figuration inintelligente.

Une pratique insupportable

Si l'on savait tout ce qu'une bonne évaluation des performances doit à la-dite figuration inintelligente ! La lecture de la presse quotidienne – « spécialisée, s'entend bien sûr ! » – ou une recherche ardue (?!) sur le Net sont habituellement des plus utiles à cette fin. Quoique la déambulation jaculatoire dans les couloirs, escaliers et autres retours de pauses-repas studieuses ne manque pas d'élégance. Mais le nec plus ultra est sans aucun doute, dans le genre, la réunion du soir après un trop rapide dîner, ou mieux encore un plateau-repas pris devant son PC ! On s'imagine alors, après la Vichy/camembert plâtreux, faire le travail le plus performant, tel un commando d'élite veillant sur l'avenir de l'entreprise.

Voulez-vous vérifier le sérieux d'un cadre ? Téléphonez-lui vers 19 h 30 ! Normalement, il est seul sur le pont, du moins dans les 300 m² d'open space où il a sa case, case que viennent visiter régulièrement à cette heure précise son hiérarchique direct, ses homologues aux dents acérées et quelques improbables clients assurant néanmoins la légitimité officielle de la bêtise organisée au royaume de l'assiduité.

Un peu de bon sens !

On ne le répètera jamais assez : il y a là un sommet de débilité et un ferment assuré de stérilisation de l'intelligence de chacun et de tous ! Certes, il peut y avoir parfois des coups de collier à donner, qui justifient vraiment une implication momentanément supérieure : on récupèrera les heures plus tard. Mais l'institution rituelle et discriminatoire de la présence abrutie relève d'une féodalité archaïque qui n'est pas sans expliquer l'inertie qui affecte ces entreprises.

Ce que nous appelons notre « intelligence » a en effet un seul vrai défaut : elle a besoin d'un peu d'espace, de temps libre et de sérénité pour se développer et s'exprimer. Penser que l'acharnement réflexif pendant le plus grand nombre d'heures possibles donne plus d'intelligence est un contresens. Penser que l'urgence ou le stress la stimule en est un autre. On ne fait que produire une masturbation mentale nerveusement spasmodique, inquiète de l'impuissance croissante qu'elle entraîne invariablement. Tout finit par se confondre dans un magma imbécile dans lequel plus personne n'est capable de discerner les informations clés et d'en avoir une lecture utile aux décisions à prendre, aux actions à mettre en œuvre, à la stratégie à appliquer.

La « lisibilité » de l'information conduit en effet à une augmentation de la pensée, un enrichissement des points de vue, un élargissement du champ des possibles… L'intelligence, étant une quête permanente de lisibilité, cherche à discerner les significations au sein du bruit global, et le « sens » au sein des significations multiples. Mais cela exige de la méditation, et non de l'agitation ; de la sérénité, en non du stress, un devenir actif et non une longue présence inefficace où chacun ne fait qu'ajouter au bruit ambiant !

Ceux qui stagnent dans un système clos, où la règle de conduite et la pétrification des rituels tribaux ont remplacé la mobilité et la disponibilité de l'intelligence, ne peuvent plus servir le moindre développement, puisqu'il sont figés, hypostasiés en une figure stéréotypée, aussi complexe soit-elle : dans le monde contemporain, elle est déjà morte.

Comment **jouer** avec le temps de présence ?

QUELQUES CONSEILS POUR NE PAS DÉNOTER DANS LE PAYSAGE.

Pour avoir l'air affairé :

- N'ayez pas l'air détendu et heureux de vivre, vous prêteriez le flan à l'accusation de dilettantisme.
- Ne répondez jamais à une demande de rendez-vous par « quelle heure vous conviendrait ? », mais plutôt : « il ne me reste – hélas ! – qu'un « trou », la semaine prochaine, vendredi entre 18 heures 15 et 19 heures 40 ».
- Ne vous attardez pas au téléphone avec votre hiérarchie : soyez toujours en instance d'un rendez-vous dans cinq minutes, donc sur le départ !

Ne dites pas non plus :

- « Je suis à votre disposition quand vous voulez ! »
- « Ouf ! Enfin un peu de relâche cette semaine ! »
- « On a le temps, pour ce dossier ! »

Mais inscrivez-vous dans le mouvement !

- Déclarez toujours et partout que vous devez donner un énorme coup de collier, que vous êtes la tête sous l'eau, que vous ne voyez pas le jour...
- Déplacez-vous toujours avec de volumineux dossiers, d'un pas alerte.
- Attendez vous-mêmes 19 heures pour visiter les bureaux de vos collaborateurs et collègues et discuter avec eux.

Dites, par exemple :

- « Je n'ai pas pris de week-end depuis trois semaines ! »
- « Et si on se retrouvait dimanche en fin d'après midi pour boucler le dossier avant lundi matin ? »
- « Faites-moi penser à racheter du Guronsan, j'ai fini ma boîte hier soir et je suis arrivé ce matin avant l'ouverture de la pharmacie ! »

Prenons un peu de recul

L'épuisement créé par nos absurdes pratiques de temps de présence maximal finit par nous borner à la recombinaison indéfinie de ce que nous savons déjà, sans qu'aucune prise de conscience créative ne puisse plus venir apporter un peu de lumière dans cette opacité du quotidien. Comme le disait Claude Bernard : « *Ce que nous savons est le plus grand obstacle à ce que nous ne savons pas* ». Parce qu'au quotidien nous ne sommes pas prêts à la surprise : « *Nous ne croyons nos yeux qu'autant que nous avons la conviction préalable que ce qu'ils semblent nous apprendre est croyable* », disait sous une autre forme Sir Arthur Eddington.

Nous savons, ainsi, que nos systèmes de représentation s'épuisent vite. Chacun peut-il comprendre que notre intelligence a besoin de temps libre pour déployer toutes ses qualités essentielles :

- La capacité, comme son étymologie l'indique, à « lire à l'intérieur de... », en allant au-delà des apparences ; autrement dit d'avoir une vision pénétrante du réel. L'intelligence est non-conformiste dans sa nature même.

- L'aptitude, découlant de cette capacité première, à discerner et hiérarchiser l'important et le secondaire, à éliminer l'accessoire, pour sélectionner l'essentiel.

- La capacité à simplifier un problème tout en ne négligeant pas la complexité qui lui est inhérente.

- L'aptitude à composer les moyens avec la fin, tout en tenant compte des circonstances, ce qu'on a coutume d'appeler « l'intelligence pratique ».

- L'ouverture d'esprit consistant à être capable d'accepter la contradiction et de reconsidérer éventuellement sa position ; à recomposer la stratégie en fonction de situations nouvelles ou inattendues.

- L'aptitude à imaginer, c'est-à-dire à transposer un instrument, une idée ou une méthode du système existant pour lui donner une finalité nouvelle.

- La capacité à élaborer des scénarios en tenant compte de l'ensemble des contraintes et des contradictions, en recherchant toujours le point d'équilibre entre marchés, potentialités et finalités.

- Sa capacité à transgresser le système, à ne pas se laisser duper par les habitudes ou les idées reçues ; à dominer craintes et peurs pour rechercher l'efficience réelle et non l'efficacité à court terme et à tout prix.

Le débat sur les RTT et leur réduction est un faux débat : c'est d'intelligence dont manquent le plus souvent nos entreprises, pas de temps de travail ! Le vrai sérieux se mesure à la vivacité dans laquelle nous maintenons notre intelligence... en refusant l'abrutissement quotidien.

La déculturation des cadres,
ou l'abrutissement consenti

Les modes de travail et les incohérences managériales qui prévalent aujourd'hui dans bien des entreprises conduisent à un paradoxe singulier : on réclame des cadres une capacité de créativité… tout en les écrasant littéralement sous des tâches prosaïques, un reporting constant et oppressant, des tensions managériales pas toujours opportunes et des horaires de travail débiles, quoique politiquement corrects. Il en résulte une « déculturation » progressive qui aboutit à une inculture générale qui ne peut nous laisser indifférents… lorsqu'on voit les conséquences déplorables sur le niveau de rapports humains qu'elle engendre.

Une pratique insupportable

Dans notre vieux pays conservateur, la discipline de surface et le respect des féodalités parallèles l'emportent souvent sur la réalité d'un travail fécond ; et le respect des normes socioculturelles de l'entreprise est dans la plupart des cas le premier sur l'atteinte intelligente des objectifs et sur le nécessaire renouvellement de la créativité. Remplacer la qualité et la valeur d'un travail par sa quantité et un nombre d'heures accru est à coup sûr le syndrome de la contre-performance à moyen terme… juste le temps, en fait, que la santé physique ou mentale commence à s'effilocher plus sérieusement.

Cette déculturation ambiante repose sur le fait que l'activité culturelle d'un individu, à force d'être réduite à la portion congrue, finit par ressembler à la simple remémoration de lointains souvenirs… et encore ces derniers s'effacent-ils peu à peu ! Le « practico-pratique », comme on dit – en lui trouvant, pour la cause, toutes les vertus du Saint Pragmatisme –, ne nourrit pas l'intelligence et ne la stimule pas à développer toutes les potentialités qu'elle recèle. Soumis à sa seule tyrannie, l'homme finit par s'abrutir… puis s'abêtir ; un être humain qui en arrive bientôt à qualifier de « trop conceptuelle » toute réflexion qu'il n'a plus, en fait, les moyens de comprendre.

Tout se passe comme si les exigences opérationnelles finissaient par occulter toute capacité de recul et d'ouverture de la pensée. Le cadre performant type ressemble à un homme ou une femme qui, parmi toutes les choses qu'une personne normalement cultivée devrait connaître, n'est familier qu'avec son seul domaine ; et qui ne s'intéresse même, dans ce domaine, qu'aux petits objectifs sur lesquels est indexée sa part variable. Il (ou elle) en arrive au point de proclamer que c'est une vertu de ne pas tenir compte de tout ce qui reste en dehors du domaine étroit qu'il cultive lui-même, et « *il dénonce comme du dilettantisme la curiosité qui vise à la synthèse de toutes les connaissances* », selon la belle expression de José Ortega y Gasset.

BUSTO 2006

© Groupe Eyrolles

Parlez-vous simplement français, avec des tournures de phrases à peine élaborées ? On vous taxe, avec suspicion, d'« intello ». Évoquez-vous une réflexion qui décolle un peu du prochain court terme financier ? On vous demande de revenir sur terre et de cesser de rêver. Prenez-vous la parole en public avec un peu de talent oratoire ? On vous regarde comme si vous aviez décroché la lune. Vous ne riez pas à la dernière blague graveleuse colportée de service en service comme l'émerveillement de la bonne nouvelle du jour et dont le niveau donnerait la nausée à un tripier d'abattoirs ? On vous taxe d'être un mauvais coucheur.

Nous posons une question : où donc ces tristes ronds-de-cuirs vont-ils tirer de leur boîte de Pandore la moindre inspiration de réflexion, de créativité ou même d'innovation ?

Un peu de bon sens !

Car tel est bien le problème : la créativité exige d'être nourrie par une culture de fond, une culture vivante qui prend inévitablement du temps, mais qui représente pour l'entreprise un investissement rentable et un moteur de développement dont elle a bien besoin ! La lecture, la fréquentation des arts, la compréhension des civilisations, la méditation des grands auteurs, l'écriture personnelle, etc. constituent peu à peu, comme par sédimentation, le terreau d'une créativité en tous domaines ; car l'intelligence n'établit pas entre les choses, dans sa capacité créatrice, les mêmes cloisonnements que nos cursus spécialisés : elle est mobile et recompose des éléments et inspirations piochés dans les réalités les plus diverses pour nourrir un domaine ponctuellement plus spécifique.

Or, en lieu et place de cette incitation culturelle – qui devrait presque figurer systématiquement dans la lettre de mission d'un cadre – on assiste au contraire à une déculturation générale, sans plus permettre aux gens de prendre la moindre minute dans leur journée ou leur semaine pour développer leur mesure intérieure. Soyons clairs : il ne s'agit pas ici de prôner une culture encyclopédique et de transformer les cadres en savants. Il s'agit d'une culture générale vivante qui permet de posséder le recul et la souplesse d'esprit nécessaires à leur performance professionnelle elle-même ! Elle permet de prendre de la hauteur, d'objectiver des finalités, des pratiques, des difficultés qui sans cela restent confuses, et dont la causalité demeure, pour cette raison, ignorée. Elle permet de formaliser une « pensée » plus que jamais nécessaire à la clairvoyance et la gestion du stress, à une vision d'ensemble et à une sérénité raisonnable.

Certains cabinets spécialisés, conscients de la nécessité de remédier à une situation déplorable et à terme contre-productive, ont eu l'idée de proposer aux dirigeants d'entreprise des « séminaires de haut niveau » appuyés sur la philosophie, la sociologie, la psychanalyse, etc. Que les dits dirigeants acceptent déjà de prendre le temps de réfléchir est en soi une bonne nouvelle. Il faudrait donc que ce genre d'initiative se multiplie et se démultiplie à plusieurs niveaux de l'entreprise.

Certains lecteurs pensent peut-être que nous avons une vision très étriquée et négative du niveau culturel de nos dirigeants et de nos cadres, et que nous exagérons de manière outrancière de simples lacunes sans importance. Hé bien ! Écoutez plutôt ce qui a été « découvert »[1] par les participants à ce type de séminaire. :

• L'un pense qu'il a « *humblement pris conscience que nos entreprises, nos organisations sont le fruit d'une histoire.* » N'est-ce pas extraordinaire ? Voici une personne qui entend désormais que pour « *penser le futur* », il faut comprendre d'où on vient, pourquoi, et comment ! Nous ne sommes pas arrivés, en effet, à nos modes d'organisation actuels par génération spontanée ; nous ne saurions entrevoir le niveau de régression de nos modes de management contemporains sans une certaine connaissance de notre civilisation et de notre culture européenne. La culture qu'a acquise ce dirigeant va indéniablement lui permettre de mieux adapter les recettes insipides de son rôle de « *leader* », puisqu'il a tiré de l'histoire, de la philosophie, de la psychanalyse, selon ses propres termes : « *des concepts fondateurs et peut-être permanents pour mieux comprendre les évolutions et les changements.* » Nous lui tirons notre chapeau !

---

1. Source des citations : *La Tribune* du 22 janvier 2004, un article intitulé : « De l'impact des science sociales sur la réflexion managériale », par Yan de Kerorguen.

- Autre témoignage : « *Suivre ce cursus a été l'occasion de s'ouvrir l'esprit en se recentrant sur des choses plus essentielles : l'avenir de l'entreprise et de ses collaborateurs, les raisons d'avancer ensemble, le plaisir de diriger.* » Stupéfiant, non ? Voilà quelqu'un qui dirigeait sans plaisir et sans mettre au cœur de son action l'avenir de son entreprise (sic !) et de ses collaborateurs (re-sic !) Quelle découverte ! Imaginez-vous le bouleversement qui va s'ensuivre pour cette personne, pour ses collaborateurs et pour son entreprise ? Autrement dit, elle est entrée dans la dimension du Politique, au sens le plus noble du terme, c'est-à-dire du gouvernement prudent en vue du bien commun ; un gouvernement qui tient compte de toutes les réalités citoyennes, sociales et humaines comme finalité de l'économie. On a désormais envie de la rencontrer ! Qu'elle garde vive la conscience, selon ses propres termes, que « *la réduction des stratégies à une course à la rentabilité financière vous éloigne des vrais sujets* ». Nous n'en croyons pas nos yeux !

- Allez ! Un dernier, pour la route : « *Cela m'a permis de relativiser et hiérarchiser certaines préoccupations de management en écoutant plus et mieux.* » Alors là on s'extasie carrément ! Que sont en effet les dites « préoccupations de management » qui n'ont pas besoin d'écoute ? Le ranking à quotas, par exemple : nul besoin d'écoute pour ranger ses collaborateurs dans cinq petites cases en respectant les pourcentages de chacune ! Ou le management par le stress : l'écoute y est même déconseillée ; le profil bourrin débile gueulant et suintant la pression de partout y suffit amplement ! Ou encore le lobbying public et privé mis en place pour obtenir des démissions : le cynisme et l'absence de tout scrupule y sont les seules qualités requises, et non l'écoute ! Voici donc une personne qui a entendu, « quelque part », que la performance de ses collaborateurs pouvait aussi passer, et plus durablement, par un enrichissement mutuel et des valeurs partagées. Elle a changé ses actes avec grands bénéfices. Écoutons-la dans ses propres termes : « *J'ai tout simplement donné plus de temps, donc d'importance, à cet exercice d'écoute, à ces moments de réflexion et d'"ouverture d'esprit", dans la marche –*

souvent forcée – très quotidienne de l'entreprise. » Nous en demeurons pantois !

De deux choses l'une :

- Soit les plus hautes instances patronales vont intervenir pour faire cesser ce scandale et obtenir l'arrêt de ces séminaires subversifs qui démobilisent généraux et soldats dans la perversion lamentable de la « prise de conscience » et de « recul », dans la contre-productivité catastrophique de la « culture », dans la perniciosité vicieuse de la « réflexion » et de l'« écoute »…

- Soit il est en train de se passer quelque chose que nous attendions depuis longtemps ; les signes avant-coureurs d'un renouveau, d'un rajeunissement salutaire après quelques décennies d'obscurantisme économique et de psychorigidité managériale qui ont fait de l'occident européen, en terme d'organisation du travail, un continent en voie de sous-développement. Un renouveau crucial, vital à vrai dire : la personne humaine, dans son inaliénable besoin de pensée et de qualité de relation aux autres, enfin remise au centre des préoccupations du Politique et de l'Économique…

Franchement, nous penchons vers la seconde. Il nous semble que c'est – par un ras-le-bol qui se généralise – dans l'air du temps.

Comment ne pas avoir l'air trop intelligent ?

QUELQUES CONSEILS POUR NE PAS SORTIR DU LOT.

Pour avoir l'air comme tout le monde :
- Ne laissez pas traîner vos billets de théâtre sur votre bureau.

- Évitez toute référence à l'étymologie des termes que vous employez...
- N'évitez jamais d'employer un terme anglo-saxon bien flou.
- N'oubliez pas de lire un quotidien sportif en mangeant.

Ne dites pas non plus :

- « T'as vu le dernier Lars von Trier ? Ça va vraiment loin ! »
- « Tu vas à la sortie au Louvre avec le CE ? »
- « Non, je n'ai plus la télé, je n'avais plus le temps de lire. »

Mais inscrivez-vous dans le mouvement !

- Surfez sur les sites pornos.
- Créez un blog où vous racontez, avec fautes d'orthographe, vos journées les plus captivantes.
- Cantonnez-vous à 450 mots de vocabulaire. C'est possible.

Dites, par exemple :

- « *Da Vinci Code*, c'est super, t'apprends plein de trucs historiques ! »
- « La Star'Ac, c'est vraiment les artistes de demain. »
- « Le comique troupier, c'est quand même de la philosophie... »

Prenons un peu de recul

Il est bien évident que l'exigence culturelle nécessite un minimum de sérénité et de réflexion. Et comme il est peu probable que les entreprises soient prêtes à intégrer cette dimension-là de leurs ressources humaines – car c'est un pan entier de ressources ignoré (par ignorance ?) par la majorité des GRH –, il faut entrer dans une véritable « résistance » à l'envahisseur bêtifiant que sont devenues nos journées professionnelles.

De façon très élémentaire, nous proposons quelques grandes lignes qui ont fait leurs preuves :

- Garder une curiosité et un étonnement par un ressourcement régulier : lectures, formations supérieures, visites d'expositions, voyages non « touristiques », etc.

- Choisir des fréquentations qui nous obligent à sortir de notre système : des gens d'un autre univers professionnel, d'un autre univers social, d'autres horizons intellectuels, affectifs, religieux, etc.

- Avoir une activité culturelle ou artistique pratique. Rien ne vaut, souvent, cette véritable bulle de créativité et d'innovation pour demeurer plus intelligent : il est si vrai que « l'homme pense avec sa main » !

- Participer à des cercles de réflexion, à condition qu'ils ne soient pas trop convenus autour d'une pensée unique.

- Pour ceux qui le peuvent, entretenir plusieurs activités professionnelles pour pouvoir s'appuyer sur plusieurs jambes et non marcher à cloche pied. Évidemment, c'est un peu contraire à l'ambition, du moins celle de la « carrière », mais c'est un choix très efficace pour demeurer soi-même : cela donne le loisir de dire « non », parce qu'on n'a pas tous ses œufs dans le même panier !

- Un autre moyen très efficace est l'écriture, qui oblige à objectiver et à penser ce que l'on vit, ce que l'on voit ; qui oblige à faire retour sur soi-même pour penser les situations, les orientations, la philosophie du quotidien !

Certes, tout ceci prend du temps... un temps qui manque cruellement ! Jusqu'au jour où nous comprenons que nous n'avons que le temps que nous prenons ! Lui, ne nous donnera jamais rien ! À nous de le tyranniser, pour une fois ! Renversons la vapeur !

De toute manière, une chose est certaine, c'est que, comme le dit Claudel : « *à force de ne pas vivre comme on pense, on finit par penser comme on vit* », c'est-à-dire qu'on finit par ne plus beaucoup penser ; par « non-penser » ou « dé-penser », tout comme on finit par « sur-vivre »... que ce soit dans la soie ou dans la fange !

Le management par la performance, ou le toujours plus

S'il est une notion aujourd'hui incontournable dans l'entreprise, c'est bien celle de « performance » ! Et comment faire autrement, sur un marché où la libre concurrence – et partant, la « compétition » – est le maître mot ? Va donc pour la nécessaire performance de tous les acteurs engagés dans cette lutte finale… pour des lendemains qui chantent, que personne ne vienne à en douter ! Par contre, les choses se gâtent dès que ladite performance devient l'objet spécifique d'un « management » ; nous qui avons toujours été convaincus que l'on ne pouvait manager que des hommes réels, nous avouons être dubitatifs et très vigilants lorsque se pointe sur les bannières directionnelles le frétillant concept de « management de la performance ». Car tous les abus sont dès lors incités, au mépris des personnes.

Une pratique insupportable

En fait, peut se dissimuler derrière le management de la performance un ensemble de petites sous-pratiques que l'on peut résumer sous l'expression triviale : « presser le citron ». C'est-à-dire faire entrer les collaborateurs dans une logique de toujours plus qui prend nettement le pas sur la logique contractuelle. C'est ça ou rien, « nous sommes en guerre économique ma pauvre dame ! ». Du coup, tout semble permis : pression par le stress, mobbing, ranking, horaires délirants, etc. Il en résulte des conséquences atteignant parfois directement l'intégrité morale et physique des personnes soumises à ce management jouissif : stress aggravé, absorption de drogue, de stimulants, d'alcool à hautes doses… les signes sont là, et ils sont graves.

On voit d'ici le slogan de l'avenir : « le crack, contre les cadres qui craquent » ! En plus, maintenant, on raffine (oui, évidemment, le jeu de mot est de mauvais goût !). Avec une recrudescence des psychotropes illicites, on observe de plus en plus de mélanges détonants : produits speedants pour le matin, détendants pour le soir, et somnifères pour dormir !

Ce phénomène, loin d'être anecdotique, est confirmé par les médecins du travail à un niveau qui mérite une alerte digne de ce nom, et c'est pourquoi nous nous en faisons volontiers l'écho ! Le docteur Michel Hautefeuille, psychiatre au centre Marmottan, dans le 17e arrondissement, spécialisé dans le traitement des toxicomanes, ne mâche pas ses mots[1] : « *Je reçois des gens qui prennent de la cocaïne dans leur entreprise. Ils s'en servent comme stimulant pour travailler plus dur, pour faire face à la concurrence de leurs collègues. Ce sont des dopés du travail, leur motivation est la même que celle des sportifs qui prennent de l'EPO.* » C'est-à-dire « gagner » ! Gagner par tous les moyens parce que la carrière et l'avenir en dépendent… De toute façon, « d'autres le font » etc. Banalité de ce que certains osent appeler : la modernité.

Mais évidemment, pas question pour l'entreprise de se remettre en cause : tout ceci est strictement « personnel » ! Ben tiens ! Mais pourquoi ces gens brillants, très bien payés et socialement plutôt mieux intégrés que les autres tombent dans ce traquenard ? Les raisons invoquées dans l'ensemble des études sur le sujet sont des constantes presque universelles :

- Une dégradation des conditions de travail et le sentiment d'évoluer dans un environnement de plus en plus dur. Certes, l'entreprise n'est pas la seule concernée par ce genre de dérives, mais elle doit pour le moins se sentir responsable ! Nous nous souvenons de ce chef d'entreprise qui se croyait dans le vent et qui nous affirmait : « ce

---

1. *Le Monde* du 13 avril 2006.

n'est pas mon problème. Je dirige une entreprise "économique" et j'ai moi aussi des comptes à rendre ! Que chacun s'assume ! » Et puis il suffit de classer et de se débarrasser de ceux qui n'assument pas. Cela s'appelle-t-il l'entreprise citoyenne ? Ça s'appelle surtout de l'irresponsabilité et de la bêtise...

• La suppression du droit à l'erreur, ou même simplement à la moindre faiblesse. Plus question d'aller mal, même momentanément ! Quant à la déprime, elle est devenue carrément obscène. L'entreprise n'a plus le temps d'employer des « personnes humaines » (désolé pour les guillemets !) : il ne lui faut que des surhommes (sans guillemets !) Au demeurant, l'hypocrisie est souvent de mise. On peut désormais appeler les vendeurs de cocaïne sur un portable, et ils arrivent à Mobylette, comme les livreurs de pizza[1]. Ils livrent partout, nuit et jour, même dans les bureaux. Ont-ils un badge permanent ? On se croirait chez les sportifs... sauf que ce n'est pas « à l'insu de leur plein gré » ! Au début, c'est évidemment « boostant »... le malaise éclate lorsque les premiers troubles apparaissent.

Stupéfiant, non ? ! On le voit, le management de la performance peut conduire à des pratiques insupportables, et les entreprises ne peuvent pas ainsi se dédouaner à vil prix !

Un peu de bon sens !

L'ironie de la chose, c'est que ce fameux management de la performance ne porte pas du tout les fruits attendus. Sur le terrain – mis à part dans quelques secteurs purement opérationnels où le moindre comptable sachant comparer un résultat prévu à un résultat obtenu peut tenir lieu de manager de la performance – le concept recouvre un flou... pas du tout artistique.

En réalité, les responsables sont eux-mêmes dans le flou. Nombre d'entre eux naviguent à vue et peinent à mettre en pratique ce management de la performance dont se gargarisent leurs dirigeants. Ils le ramènent alors

---

1. *Ibid.*

au développement désordonnés de pressions diverses, histoire de justifier momentanément leur part variable.

Hé oui ! La réalité est en effet iconoclaste, en matière de management : dans notre expérience, bien peu de dirigeants parviennent à faire le lien entre la stratégie de leur entreprise et les objectifs qu'ils fixent, pour remplir les cases de l'entretien dit « de performance ». Voilà qui est en effet problématique ! Car la performance réelle ne consiste pas seulement à satisfaire ou « éclater » – comme on dit dans les entreprises les plus « hypes » – les objectifs fixés : encore faut-il que ce soient les bons objectifs, eu égard à une cohérence d'ensemble ! À quoi sert un objectif « éclaté », s'il n'est utile en rien à l'entreprise dans ses orientations actuelles ? Et quand on constate en outre que, dans une entreprise fonctionnant en mode réseau, les mêmes acteurs professionnels peuvent recevoir dans la même semaine des objectifs contraires, voire contradictoires... On ne vous dit pas ce que devient le management de la performance : il est à son tour concrètement éclaté, mais au sens propre cette fois ! Et place à l'arbitraire !

Bref, il s'agit le plus souvent d'un vrai dialogue de sourds. D'un côté des responsables qui appliquent tant bien que mal la consigne, ce qui se ramène au final à reconduire des objectifs à l'identique d'une année sur l'autre, assortis d'un coefficient mécanique de croissance, coefficient de croissance évidemment censé tenir lieu d'accroissement de la performance... De l'autre des « managés de la performance » qui ne comprennent plus grand chose au rapport entre leurs objectifs et le sens de l'entreprise, mais qui se sentent dans l'incapacité à exiger la moindre cohérence, sans que cette exigence ne soit interprétée : au mieux comme une défaillance, au pire comme une trahison.

Eh oui derechef ! Parce que celui qui ose poser la moindre question sur la cohérence que sa hiérarchie entretient entre l'amont stratégique et l'aval objectif est immédiatement – et de fait ! – « contre-performant ». Bel avenir en perspective ! Et lorsqu'en plus les objectifs ne sont pas seulement quantitatifs, mais également qualitatifs, ça devient un poème ! Les entretiens annuels d'évaluation – qui devraient notamment permettre de relier rationnellement la performance de l'individu à l'attribution d'une rémunération variable – deviennent des sommets de langue de bois et de patinage managérial. Les doubles saltos et les triples axels s'y succèdent dans une frénésie de frissons insipides et d'audace timorée.

Au total, c'est l'absence de règles claires – absence délivrant « de facto » la virtualité certaine et constante de l'arbitraire – qui donne au pouvoir que l'on détient sa vigueur de jouissance ; et partant, des dérives qui sont inhérentes à son trop libre exercice. La cohérence des objectifs avec la stratégie de l'entreprise et l'appréciation réelle de la performance en font indéniablement les frais.

Dans son édition du 19 octobre 2003, Le Monde avait publié une interview de Bernard Brunhes, P-DG du cabinet de conseil du même nom. Ce dernier déclarait : « *Dans le privé, au cours des vingt dernières années,*

le développement du management par la performance ne s'est pas fait sans excès. » C'est un euphémisme !

Si l'on regarde les justifications avancées dans l'hexagone, on retrouve inlassablement ce bon vieux refrain décliniste qui fait la joie profonde des pétainistes de toujours : notre pays s'enfoncerait en effet inexorablement dans le gouffre, à cause de notre manque de compétitivité, nous promettant à une mort certaine. Le néolibéralisme a fait de ce credo le fumier de sa sous-culture politique. Les politiques, à l'injonction du « pas de loi », finissent peu à peu par donner satisfaction à l'idéologie de la déréglementation maximale.

En réalité, toutes les statistiques convergent : la France est le pays qui affiche l'un des meilleurs taux de productivité horaire. Tant d'après l'OCDE que d'après Eurostat ou Proodfoot Consulting. Et pourtant, Lowell Bryan, directeur chez McKinsey, fait observer que *« nombre de professionnels sont managés comme s'ils travaillaient dans une usine et perdent beaucoup de temps à faire un travail taylorien sans réelle valeur ajoutée.* »[1] C'est vrai aux États-Unis, et c'est vrai en Europe !

Alors d'accord, il faut que nous nous bougions pour améliorer notre situation face une mondialisation qui ne fait aucun cadeau à personne. C'est vrai ! Mais comme le dit Denis Ettighoffer, président d'Eurotechnopolis Institute et consultant en organisation, *« le temps passé n'est pas un critère économique : pour faire des économies, il y a des gisements autres que celui du travail. C'est la qualité du travail et de l'organisation qui prime.* »[2] Ah ! Que ça fait du bien, un peu de bon sens !

Faire que les gens se défoncent en se focalisant totalement sur un objectif, puis sur un second, puis sur un troisième, etc., à coup d'anabolisants et sans jamais lever le nez du guidon, conduit à les instrumentaliser sans les faire progresser.

---

1. *La Tribune* du 18 janvier 2006.
2. *Ibid.*

Comment **survivre** au management de la performance ?

QUELQUES CONSEILS POUR GARDER SA SANTÉ.

Pour être effectivement performant :

- Ne considérez pas que votre contrat moral est plus « épais » que votre contrat écrit.
- N'indexez pas votre performance effective sur l'atteinte des indicateurs du ranking en cours, mais sur la réalisation de vos vrais objectifs professionnels.
- Soignez tout de même les apparences pour satisfaire l'arbitraire.

Ne dites pas non plus :

- « Il ne devrait pas déjà être là, le livreur de chez Coca Hut ? »
- « Plus on travaille, plus on est performant : comme le disent le DG et les indicateurs. »
- « Ne l'oubliez pas : ceux qui ont fait la révolution avaient le ventre vide. »

Mais donnez le change !

- Courez en permanence en ayant l'air débordé : en plus, cela vous fera faire du sport.
- Parlez sans cesse de la contre-performance des autres : vous apparaîtrez zélé...
- Ne perdez jamais une occasion de montrer que vous êtes au-dessus des indicateurs.

Dites, par exemple :

- À un collègue au cours d'une réunion « Il ne te resterait pas un peu de Guronsan, je viens encore de finir ma boîte ? »
- « Et si on trouvait des indicateurs à la performance du management ? Hein ? »

Prenons un peu de recul

Que l'on songe seulement à ce que deviendrait une armée qui commencerait par faire la guerre contre ses propres soldats, tout en les incitant, en plus, à se faire la guerre entre eux... sous prétexte d'être mieux entraînés !

Vous nous direz que là où il y a une vraie stratégie cohérente et un management des hommes, il peut en être autrement. Certes ! Et la recherche commune de la performance trouve alors une légitimité motivante pour tous. Faites donc vôtre cette pensée de R. Blanchard : « *Chaque individu est un gagnant en puissance. Certains sont déguisés en perdants. Ne vous laissez pas tromper par les apparences.* » Manager, c'est aller dénicher le gagnant dans l'autre.

Sans compter que, pour un manager, la notion même de performance est à préciser ; ce qui nous fait replonger dans l'aberration de certains indicateurs, ces indicateurs dont les entreprises sont si friandes ! En fait, curieusement, plus les entreprises sont grandes, plus elles les multiplient – parfois jusqu'à plus de quinze – ! Mais outre le fait que ces indicateurs doivent être interprétés différemment selon les situations, et qu'ils peuvent être contradictoires, leur choix et leur lecture demeure arbitraires : j'ai parfaitement produit, mais je n'ai pas vendu : suis-je performant ? J'ai vendu en masse, faisant exploser mon chiffre d'affaire, mais aux dépends de la qualité : suis-je performant ? J'ai dégagé du bénéfice et mes actionnaires et investisseurs sont ravis, mais j'ai appauvri mes actifs : suis-je performant ? J'ai diminué mes coûts de production et augmenté ma marge en restructurant, mais mes salariés sont démotivés : suis-je performant ? Ce qui pose au demeurant la question, plus centrale, de la « performance durable ». Quel est le « bon » critère ? Sans compter que le même critère peut donner satisfaction ou non : tout dépend au regard de quoi on l'apprécie !

On a l'impression que parce qu'on peut « mesurer », le résultat est objectivement « vrai », et que l'on sait ce que l'on mesure : il n'en est rien ! On peut établir un rapport entre deux grandeurs quelconques et établir une courbe : on n'a pas pour autant créé un lien de causalité entre les deux ; s'il n'existe pas avant naturellement, la fonction est erronée. Comme disait un vieux professeur d'économie : les chiffres avouent tout... sous la torture ! Certains professionnels en finissent même par poursuivre les indicateurs, et non plus leurs objectifs et leurs finalités ! Est-ce bien cela que l'on attend du management par la performance ?

Dernier point à soulever encore : le rapport entre la performance partielle et la performance globale, toujours très difficile à apprécier ; certaines actions non rentables sur le moment peuvent être très performantes, et certaines actions ponctuellement très rentables peuvent conduire à une contre-performance d'ensemble.

C'est pourquoi nous avons fortement apprécié la réflexion critique de M. G. Apanaschik, du cabinet PriceWaterhouseCoopers : « *La clé, pour bien mesurer la performance, c'est d'être sûr de suivre les bons objectifs et d'avoir une information qui est liée à la stratégie* »[1]. Entre nous, c'est du bon sens : c'est seulement au regard de la finalité et des objectifs qui la déclinent que l'on peut apprécier validement une performance, et non seulement sur la comptabilisation des acquis ! C'est parce qu'on a une carte et une boussole que l'on sait où on est, pas parce qu'on a laissé des pépites sur le chemin, tel un petit Poucet riche !

Pour prendre une analogie : je connais mieux une personne en la voyant agir, en observant la qualité de son comportement et en discernant ses possibilités de progression, qu'en voyant sa photo et ses seuls résultats constatés. Il en est de même pour une entreprise.

En définitive, tout dépend ce qui est recherché dans le management de la performance : une véritable connaissance de l'entreprise qui permette de l'orienter durablement... ou la satisfaction d'avoir atteint des résultats communicables ? Ne vous y trompez pas : ce sont là deux logiques bien distinctes. Le regard n'est pas tourné dans le même sens et les réalités pesées ne sont pas les mêmes. C'est d'ailleurs bien le problème : les indicateurs du développement durable ne sont pas les mêmes que ceux de la rentabilité maximale à court terme.

Autrement dit, si nous nous méfions du « management de la performance », nous prônons en revanche sans réserve « la performance du management » !

---

1. *La Tribune* du 3 février 2004.

Les évaluations débilitantes, ou la routine de l'adjudant

L'appréciation de la performance est une de ces notions ambiguës du management, où quelques bonnes idées côtoient les pires réalités pratiques. Selon un jeu de vocabulaire dont le management moderne raffole, la notation d'un salarié s'appelle : « la satisfaction au travail ». Entendez par là cette évidence brillamment suggérée, qui veut que la « satisfaction » puisse correspondre à un certain plaisir… partagé. En effet, n'est-il pas normal que les salariés appréciés fassent dépendre leur satisfaction de ce que leur hiérarchie pense d'eux ? N'est-ce pas là, dans le modèle de management aujourd'hui dominant, que les personnes humaines doivent trouver leur bonheur ? « Rendez-vous compte ! J'ai été bien noté, donc j'ai gagné le droit d'être heureux. Ah ! Quel plaisir, au travail, en ce moment ! Du moins jusqu'à la prochaine remarque désagréable de mon hiérarchique, faite évidemment pour mon bien, pour que je ne m'endorme pas sur mes lauriers… et que ma satisfaction augmente !!! ».

Une pratique insupportable

Lorsqu'on regarde de près sur quels objets cette satisfaction s'évalue le plus souvent, on comprend rapidement que les dérives soient aussi nombreuses que variées.

Lorsque l'appréciation est faite, sur la base d'atteinte d'objectifs, on observe deux effets pervers à peu près systématiques :

- La confusion de l'objectif avec le pur résultat – sans prise en compte de ce qui est effectivement réalisable avec les ressources imparties ou

avec les contraintes de méthode, par exemple – qui incite les individus à trouver n'importe quels moyens pour y arriver. Et comme
évidemment, dans notre contexte économique, il faut toujours faire
plus avec moins de moyens, on ferme les yeux sur des pratiques plus
ou moins avouables. Ce peut être ce chef d'équipe qui se met à manager par le stress et le harcèlement moral pour « mieux exploiter ses
ressources humaines » ; ce peut être une façon de trouver des
ressources financières ou matérielles… disons de manière un peu
tendancieuse. Ce peut être la satisfaction du client obtenue par des
« actions correctrices » à caractère personnel… très personnel ! Ou
encore des actions « d'intelligence économique » relevant de la pure
manipulation. La liste est loin d'être exhaustive. De toute façon, le
propos de la « satisfaction » est le suivant : « débrouillez-vous, je
veux ce résultat dans deux mois ». Le cadre qui a des scrupules
moraux se voit taxer de manque d'initiative et de faculté d'adaptation
défaillante ; « il manque de potentiel ! ». Quel déplaisir !

- La confusion de l'objectif avec l'indicateur. Dans ce cas, c'est l'atteinte des indicateurs qui sera la mesure de la satisfaction. Saisissez-vous l'hypocrisie ? Rappelez-vous ces hiérarchiques qui font passer des accidents du travail en arrêt maladie pour atteindre leur objectif de sécurité ! Ou ceux qui écoulent leurs fournitures défaillantes pour rester dans les limites du budget fixé... Nous en sommes sûrs : ce ne sont pas les exemples qui vous manquent !

Lorsque l'appréciation est faite sur le comportement et sa soi-disant « qualité », elle dépend alors très largement de l'arbitraire du hiérarchique. Du coup, que de satisfactions dues au grenouillage ! Plaire à son supérieur et à ceux qui ont une influence devient une occupation non négligeable de l'activité professionnelle. La fameuse « adaptation » prend alors parfois des tours et contours que nous nous abstiendrons de décrire ici, mais dont la gamme s'étend d'un extrême à l'autre de l'imagination.

Mais peut-être subissez-vous aussi ces grilles de notation multicritères toutes faites ? De ces « grilles », soit trop précises avec 70 items (du style : « régularité de la ponctualité au travail les matins des jours de grève sauvage »), soit trop larges, avec 5 items (du style : « a été une force globale de proposition au cours de l'année »). En tout état de cause, ces évaluations sont débilitantes pour la hiérarchie comme pour le subordonné, donnant lieu à ces entretiens professionnels où les deux parties se demandent bien quoi mettre dans les cases, soit avec une pince à épiler, soit à la louche.

Un peu de bon sens !

Quoiqu'il en soit, il semble avéré que la fracture entre satisfaction et plaisir soit consommée. Ce genre d'évaluation jouit auprès du personnel d'un discrédit digne de paraître au livre des records.

Apprécier les gens sur leurs résultats et sur des indicateurs de rentabilité ou d'image permet en effet de rendre manifeste une performance relative : le simple écart, dûment chiffré, entre ce qui était prévu et ce qui a été réalisé… mais cette pratique ne fait en rien apparaître la qualité de la conduite professionnelle d'une personne ; or c'est cette conduite qui est source de plaisir dans le travail. C'est la capacité à s'investir et à se réaliser dans son œuvre. On comprend aisément que lorsque la « satisfaction » impose de renoncer à cette qualité, elle soit source de déplaisir et de déstructuration pour les personnes.

L'entretien d'évaluation est un moment ou l'on s'arrête et où l'on prend un peu de recul pour « penser » son travail, eu égard à la cohérence d'ensemble de l'entreprise. Penser ainsi son travail est au moins aussi important pour le professionnalisme que la maîtrise du métier qui en est le support technique. Mais nous avons le sentiment très désagréable que bien des entreprises ne sont plus tant intéressées par ce professionnalisme conscient de lui-même que par une soi-disant « faculté d'adaptation » qui y fait renoncer dans le même temps, dissimulant ces tricheries, ces bidouillages et ces fraudes grâce auxquels on obtient des résultats brillants. Au risque de nous répéter, nous réaffirmons ici qu'il faudrait que les entreprises comprennent que leur intérêt est dans le véritable professionnalisme de leurs salariés ; celles qui s'y ouvriraient n'auraient plus, nous vous l'affirmons, de problème de fidélisation de leurs salariés !!!

Le syndrome débilitant le plus patent réside dans cette négation du sujet humain au profit d'une soi-disant objectivation chiffrée. Il faut pourtant comprendre que le ressort de la motivation est le même que celui du comportement : il réside dans un « pouvoir être » et non uniquement dans un savoir faire. Or, contrairement à ce qu'un certain état d'esprit mercenaire veut affirmer aujourd'hui, il ne nous suffit pas « d'être payés pour ça » !

Comment **passer au travers** de ce type d'évaluation ?

QUELQUES CONSEILS POUR RESTER SEREIN.

Pour aborder cet exercice de style :

- Ne croyez pas que votre professionnalisme soit contenu dans 5 cases.
- Ayez aussi pitié de votre vis-à-vis, lui aussi soumis aux 5 cases.
- N'attendez pas l'entretien final pour argumenter sur vos objectifs : échangez avec votre hiérarchie tout au long de l'année.

Ne dites pas non plus :

- « Je suis un peu perdu dans les 45 pages de ma préparation d'entretien. »
- « Tout ça, c'est de la foutaise ! »
- « Est-il normal que mon travail ne corresponde pas du tout aux critères d'évaluation ? »

Mais inscrivez-vous dans la logique sans en être dupe

- Ne vous mettez pas en situation d'accusé !
- Rassemblez à l'avance les faits concrets et objectifs nécessaires pour, en cas de problème, étayer votre argumentaire.
- Facilitez aussi l'exercice à l'autre, il vous en sera reconnaissant.

Dites, par exemple :

- Si vous êtes le hiérarchique « Allez, cochons les cases en 5 min, puis allons boire un verre pour discuter sérieusement du boulot ! »
- « Ça me rappelle les séances de débriefing à l'armée ; tu te souviens de la tronche de l'adjudant... ? »
- « Et si nous parlions du travail, en fait, hein ? »

Prenons un peu de recul

La logique contractuelle permet en effet de fournir une base descriptive, composée de résultats et de comportements observables, déterminés ensemble. C'est à notre avis sur une telle base que l'on peut respecter suffisamment les gens pour leur dire ce qu'ils valent, ni plus ni moins, dans le poste qu'ils occupent, sans tomber dans une complaisance un peu lâche ou au contraire dans un arbitraire « à la hussarde ». Et c'est pour tous une nécessité : autant pour l'entreprise que pour les collaborateurs. Nous proposons trois règles incontournables, à notre avis, pour procéder avec méthode :

- Définir avec rigueur les compétences et caractéristiques profession-nelles qui feront l'objet de l'évaluation – il est impossible de tout évaluer ; il faut donc déterminer quelques comportements clés ou révélateurs. Cette phase peut être réalisée par les professionnels eux-mêmes ou par une expertise extérieure.

- Associer à chaque compétence ou caractéristique des descriptions de comportements observables illustrant leur réalité opérationnelle. Il importe ici que les critères utilisés soient parfaitement connus et acceptés – reconnus – par les professionnels concernés.

- Préciser avec soin les conditions de réalisation de l'évaluation, son déroulement, son mode de restitution et l'utilisation qui en sera faite. Il va sans dire que tout ceci doit être connu avant le déroulé de l'évaluation elle-même.

Rappelons enfin qu'un objectif se définit normalement par six critères, faisant l'objet d'information et de concertation ou de négociation :

- Un résultat à atteindre, prévu a priori, à partir de l'expérience et des éléments de prospective possédés.

- Des moyens, qu'ils soient financiers, matériels ou humains. Il faut savoir que la jurisprudence invalide tout objectif qui n'est pas assorti des moyens réels de sa réalisation.

- Des délais, qui doivent être compatibles avec le volume horaire de travail du salarié. Là encore, sachez qu'un arrêt de la cour de cassation a stipulé qu'un salarié ne commet pas de faute s'il ne peut accomplir la mission demandée pendant ses horaires de travail.

- Un contexte (point de départ) et une prise en compte des environnements qui permettent de définir des « butées » de délégation, de cibler précisément la responsabilité.

- Un ou plusieurs indicateurs qui permettent de révéler et suivre l'activité.

- Des éléments de méthode, pour qu'il y ait accord sur le processus à mettre en œuvre.

Un objectif ainsi défini permet une évaluation fine de son atteinte, de son échec ou de son dépassement. Il permet en effet d'établir un rapport argumenté, a posteriori, entre le réalisé et le réalisable. Il est clair que le simple rapport chiffré entre le réalisé et le prévu demeure professionnellement stérile.

Le consulting négocié, ou la manipulation propagandiste

Ce n'est un secret pour personne, les métiers de l'audit, du conseil et de la formation ont longtemps attiré plus de charlatans que de professionnels compétents, notamment dans les domaines RH. La sélection naturelle, de plus en plus drastique depuis les folles années 80, a peu à peu éliminé la majeure partie de cette faune rebaptisant sans cesse trois banalités managériales sous de nouveaux noms anglo-saxons pour vendre leur marchandise frelatée sous pavillon de complaisance.

Mais nous sommes aujourd'hui dans les avatars d'une dérive inverse. Reprochant aux professionnels de leurs services formation une incurie congénitale en terme de sacro-sainte réduction des coûts, quelques patrons momentanément illuminés par des succès circonstanciels ont cru bon de remettre tout pouvoir de décision en la matière... à leurs services achat ! À l'heure de la mondialisation, c'est de bonne guerre... économique ! Disons « pseudo » économique : c'est-à-dire à court terme. Car la qualité d'une prestation, en matière de RH, ne se juge pas uniquement à son moindre prix. Pardon d'enfoncer des portes ouvertes, mais les lapalissades sont toujours nécessaires dans les époques de panique viscérale et de déraison mercantile.

Une pratique insupportable

Il est à présent de bon ton que les consultants abordent leurs clients avec une humilité surfaite, en prenant soin de prévoir leur argumentaire pour l'assistante du directeur des achats, désormais responsable du choix des formations et des prestataires. Mais oui ! Parce qu'il paraît qu'avant, les consultants étaient distants et très orgueilleux ! Rien ne vaut la technique d'un bon acheteur pour créer des « rapprochements » et de « l'humilité » : on se croirait au rayon sirops de Carrefour ou d'Auchan !

Le comportement des consultants a ainsi bien évolué. Il faut d'abord plaire au client, lui proposer des solutions valorisantes – c'est-à-dire bon marché tout en mettant en relief son rôle personnel – même si peu efficaces.

Certes, il y a longtemps que les conseils et les stages RH sont conçus sur-mesure et intégrés à la culture de l'entreprise cliente ! Mais de là à se mouler exactement dans la demande la plus décalée – voire la plus irréaliste – sans en négocier les objectifs ou les méthodes, au mépris de la moindre déontologie professionnelle, de peur de manquer le marché, il y a un gouffre ! Dans cette perspective, nous connaissons par exemple des entreprises où il faut s'engager à baisser d'entrée ses prix de 15 %, puis ensuite de 5 % par an ; garantir en plus que tout est pris en charge de l'ingénierie et du process à titre gracieux, en remerciement des bonnes grâces du rond-de-cuir servile qui vous fait « face » (c'est évidemment une manière de parler !) ; faire montre d'une couverture financière et géographique multinationale, multicontinentale, multipolyglote et « monopénséeunique ». À ce rythme là, l'effet est certain : seules les grandes surfaces du conseil et de la formation seront concernées par les appels d'offre des grandes entreprises.

Dans l'idée la plus répandue, les dirigeants ont recours aux consultants RH pour les aider à améliorer, directement ou indirectement, la performance de leur entreprise : ils s'appuient sur les connaissances, l'expérience et la compétence de ces derniers, censées leur apporter les clés de la réalisation du puzzle socioprofessionnel et politico-économique qui conditionne leur réussite.

C'est une illusion naïve, et le consultant qui aborderait le marché avec cette conviction aurait bien du mal à trouver un client, surtout si la mise en œuvre de ses réponses risquait d'être vraiment efficiente, c'est-à-dire de changer réellement quelque chose.

Car derrière les déclarations d'intention traditionnelles, les dirigeants attendent en fait du consultant une maximisation des gains en limitant au maximum la prise de risque. Ils adoptent ainsi presque toujours, aujourd'hui, une stratégie prudente : « En remettant en cause le moins de choses possibles, donnez-nous deux ou trois méthodes pour que ça ait l'air de changer dans le sens du vent et que nous valorisions ainsi notre action ».

Ainsi, les dirigeants croient :

- Soit que le consultant ou l'expert a une méthode miracle pour cela.

- Soit parfois que le consultant va assumer le risque à leur place.

- En tous les cas, ils cherchent la caution d'une théorie, d'une autorité d'expertise, ou de la comparaison avec ce qui se fait déjà. Raison pour laquelle, d'ailleurs, ils préfèrent habituellement aujourd'hui les standards sans vagues des géants du consulting, plutôt que la solution sur-mesure et à forte valeur ajoutée – trop forte, donc trop risquée – du petit cabinet.

C'est qu'au lieu de vouloir effectivement créer de la valeur, la plupart ne cherchent qu'à en trouver de l'existante, et ils espèrent la trouver toute faite chez le consultant. Ils n'ont donc pas recours à lui comme véritable conseil stratégique, mais plutôt comme validation d'une solution prudente, dûment cautionnée et limitée par tout le système. Beaucoup maintiennent, comme marge de manœuvre, une ambiguïté de bon aloi entre la gestion comptable d'une relation client – interne et/ou externe – artificiellement placée au cœur de leur activité, et le développement effectif du potentiel de l'entreprise.

Ainsi, les décisions courantes visent-elles les gains de productivité ; alors qu'une décision stratégique vise les gains de compétitivité en améliorant l'efficience de l'entreprise.

Rappelons que la productivité relève de « l'efficacité », c'est-à-dire de la capacité maîtrisée et programmée de produire le maximum de résultats avec le minimum d'efforts et de dépenses. « L'efficience » est d'un autre ordre : elle est la faculté de produire un effet à partir de causes ou de principes actifs qui agissent réellement et permettent de développer un potentiel. Nous dirons, par exemple, qu'un placebo est efficace, mais non qu'il est « efficient ». Transposé à notre sujet, une gestion des affaires courantes peut s'avérer efficace... sans créer l'effet de développement que vise une véritable décision stratégique.

En définitive, les dirigeants recourent aux consultants pour se donner une illusion d'efficience, mais ils ne pratiquent en fait que la recherche de l'efficacité, confondant d'ailleurs souvent la poursuite des indicateurs avec l'atteinte des missions et objectifs. L'efficacité peut avoir un indicateur. L'efficience ne se mesure pas toujours directement et n'est pas immédiatement « valorisable ».

Mais, paradoxalement, l'efficacité ne crée pas de valeur ; la performance, elle, exige l'efficience. Et en matière de décision, l'efficience repose d'abord sur un fond conceptuel et une combinatoire créative. Il faut bien dire que ceci fait mauvais ménage avec les structures hiérarchiques policées auxquelles les dirigeants eux-mêmes sont les premiers attachés. C'est que l'efficience – et la créativité qui lui est connexe – fait peur à tous, à cause de ses effets non maîtrisés a priori. L'amélioration de l'efficacité, quant à elle, ne comporte pas grand risque et satisfait ceux qui ont le pouvoir dans l'entreprise : les financiers et les actionnaires. L'efficience peut s'avérer très payante, mais la prise de risque est telle que le système la torpille avant même qu'elle ait pu voir le jour. On n'a jamais tant parlé de « gestion des connaissances »... et cette notion n'a jamais résonné aussi creux.

Le consultant est donc placé devant le paradoxe de l'innovation sans créativité. C'est pourquoi il est le roi des réformes de structures à qui mieux mieux. Mais qu'on ne s'y trompe pas : on ne le met souvent au service, sous des dehors valorisants, que d'un attentisme timoré et de la non-décision permanente.

Un peu de bon sens !

Soyons bien clair : nous ne critiquons pas du tout l'idée d'une compta-bilité analytique plus sérieuse sur les dépenses d'audit, conseil et forma-tion, eu égard à la stratégie de chaque entreprise ; tous les investisse-ments et achats sont aujourd'hui soumis à des règles très serrées, provoquant d'ailleurs peu à peu la concentration – quasi-totale dans certains domaines – des fournisseurs. Ce que nous critiquons c'est cette espèce d'aberration de l'esprit, qui a gagné plusieurs grandes entrepri-ses, selon laquelle un service achat deviendrait subitement compétent pour juger la valeur et la qualité de prestations touchant le diagnostic et le développement du capital humain de leurs dites entreprises. Certes, les acheteurs ne se privent pas de se saisir, avec une compétence toute commerciale – et souvent rien que commerciale, il faut bien le dire –, du pouvoir qui leur est offert sur tous les autres ; c'est humain, trop humain. Certes, dans les principes, les services formation, par exemple, gardent une voie consultative ; dans les faits ils sont à peu près transformés en responsables de la logistique et du bon « fonctionnement » des forma-tions, mais sans plus avoir vraiment le pouvoir de choisir la meilleure qualité. À moins que par extraordinaire – c'est-à-dire par un intérêt en l'occurrence mal calculé – elle ne corresponde aussi au moindre prix : situation cornélienne entre toutes ! Car il faut vraiment ne rien connaître à la formation – et à beaucoup d'autres choses, au demeurant – pour imaginer que la qualité n'a pas de coût !

Faut-il le regretter ? Oui, et trois fois oui ! Car dans les nombreux domai-nes où la valeur ajoutée la plus pointue ne saurait être un produit de grande consommation, tout le monde va y perdre beaucoup : les presta-taires de haut niveau à court terme, et les entreprises à moyen et long terme, et très durablement ! Car certaines lacunes de compétences, accu-mulées pendant des années, ne se résolvent pas du jour au lendemain !

Comme le rapportait en substance un DRH : « L'intervention de la direc-tion des achats est en fait une vraie fausse bonne idée, et les directeurs des achats ne sont pas formés pour pouvoir apprécier la créativité des intervenants. » C'est le moins que l'on puisse dire ! Et qui donc va choi-sir le prestataire qui va former les acheteurs ?

Prenons une analogie : si nous voulons une table en marqueterie, nous irons voir l'artisan ébéniste inspiré, pas le premier menuisier « moins cher » venu. Et nous virerions pour faute professionnelle aggravée l'acheteur inconséquent qui nous ramène une planche en aggloméré, sous prétexte que c'est justement moins cher et que nous avons donné la consigne générale de réduire les coûts ! Le cuistre qui confond moindre prix et moindre coût n'a rien à faire chez nous ! Car nous considérons que non seulement le minimum de connaissances, mais aussi le discernement et l'intelligence de situation sont des compétences à part entière. Elles semblent aujourd'hui les moins partagées du monde ! Une entreprise qui veut réellement un développement durable doit cesser de recruter ses acheteurs parmi des profils psychorigides émotifs glaciaires primaires ! Qu'on se le dise !

POUR VOTRE RAPPORT D'AUDIT ÉTHIQUE INDÉPENDANT, MONSIEUR LE PRÉSIDENT, SI VOUS PRENEZ NOTRE PACK GOLD, JE VOUS OFFRE EN PLUS DEUX RECOMMANDATIONS FAVORABLES.

BUSTO 2006

Évidemment si nous n'avons besoin que d'une planche en aggloméré, il n'en va pas de même… il faut de tout pour faire un monde ! Mais après tout, à chacun d'apprécier ses besoins ! Simplement, il faut prendre conscience du fait que la raréfaction des artisans ébénistes ne laissera bientôt plus le choix : tous à la planche en aggloméré ! Dans bien des cas, l'état du conseil et de la formation en est là.

Nous gageons néanmoins que les besoins en marqueterie – conseil et formation de haut niveau – vont bientôt resurgir… comme avantage concurrentiel décisif dans une économie du savoir. On se prépare, comme le prophétisait Peter Drucker, une sacrée gueule de bois !

Comment **vendre** votre marchandise ?

QUELQUES CONSEILS POUR ÉVITER LES DÉCONVENUES.

Pour avoir l'air compétent :

- Ne proposez pas d'entrée de jeu un produit efficace, performant et qui a fait ses preuves, vous n'auriez aucune chance.
- Ne considérez pas que votre client est celui qui a un réel besoin, mais bien l'acheteur de la prestation.
- Ne soyez pas prêt à dire au client ce qui peut lui être désagréable à entendre : travaillez votre rhétorique.

Ne dites pas non plus :

- « C'est cher, d'accord, mais c'est le produit qui correspond à vos besoins ! ».

- « Mon action d'audit permettra de tirer au clair chacune des responsabilités de votre entreprise... ».
- « Notre force est notre objectivité... ».

Mais inscrivez-vous dans le mouvement !

- Assurez-vous toujours de la distance qu'il y a entre le besoin avoué de votre client et son besoin réel.
- Repérez les idées de votre interlocuteur et affirmez-les-lui comme une proposition de consulting top en vogue.
- Proposez une coquille vide et pas chère où votre commanditaire mettra ce qui l'arrange.

Dites, par exemple :

- « Seul un long partenariat nous permettra d'élucider la problématique particulière qui vous tient à cœur. »
- À votre client : « Vous venez d'exprimer, et de loin, la meilleure solution pour résoudre notre problème. »
- Toujours à votre client : « Bon, soyons clairs : qu'elle doit être la conclusion de notre audit ? »

Prenons un peu de recul

L'audit, le conseil et la formation sont en train de subir une évolution de fond. Les interventions, plans et cursus traditionnels, ainsi que les coachings de première génération s'effacent désormais devant des modèles plus modernes, plus performants ; devant des pratiques qui permettent enfin de mesurer et de sanctionner un retour sur investissement.

Certes, le principe même d'une acquisition de compétence reste, et restera toujours le même :

- Il passe par une connaissance...
- ...éprouvée au travers de méthodes et d'outils...

© Groupe Eyrolles

- ...pour la mettre en œuvre et l'adapter à des situations circonstanciées...

- ...la finalité étant d'augmenter la performance des individus et des équipes.

Mais nous disposons aujourd'hui de moyens pédagogiques, de supports d'exercices et de méthodes d'accompagnement qui viennent considérablement faciliter la tâche de l'apprenant, tout en diminuant de façon conséquente les coûts d'investissement nécessaires. Qui plus est, en proportionnant cet investissement à la motivation et au degré d'implication personnelle des individus.

Pour l'exprimer dans une formule : c'est la fin du « prêt-à-porter » véhiculé par les standards du soi-disant « cadre moyen », au profit du partenariat sur mesure validé par la performance effective, entre des acteurs possédant une véritable identité de « personne ». La formation de demain, ce n'est plus le rayon vêtement de Géant Casino ou Leclerc... c'est la haute couture à la portée de chacun.

Un tel partenariat prend en compte et traite les besoins et les soucis du client en amont de la formation, où il s'agit de lui faire acquérir tous les pré-requis qui lui permettront de profiter pleinement des méthodes et outils proposés.

Mais il n'abandonne pas non plus son client en aval, et l'accompagne concrètement, pendant le temps nécessaire, jusqu'à l'éclosion effective de la compétence visée, sur la base d'un ou de plusieurs critères de performance précisés dès le départ.

Ainsi la formation devient-elle une activité opérationnelle de l'entreprise, qui doit pouvoir se mesurer et se sanctionner comme la poursuite de n'importe quel autre objectif stratégique, avec des indicateurs de performance bien définis. C'en est probablement terminé de ces pratiques archaïques dans lesquelles seuls quelques commentaires ou rapports de stage édulcorés servaient d'évaluation.

La tendance des politiques d'entreprises, en la matière, est assez claire : elles attendent de leurs cadres qu'ils sortent de leurs cocons pour se demander s'ils estiment toujours posséder les bonnes compétences pour assumer non seulement leurs fonctions, mais aussi leur développement. Nombre d'entreprises demandent déjà à leurs cadres de se former sur leur temps personnel, voire de coopérer financièrement à leur formation... ! Le lien et les conséquences sur l'évolution de carrière semblent évidents.

En revanche, le risque, pour les entreprises, est de voir arriver une entropie de connaissances et de compétences – donc de revendication de reconnaissance – qu'elles peuvent avoir du mal à gérer, surtout dans un contexte où la fidélisation de leurs employés pose déjà problème.

En fait, l'entreprise va de plus en plus se retrouver, en matière de formation, dans un rôle de conseil et de négociation entre ses propres intérêts et ceux de l'individu ; compte tenu des enjeux stratégiques et des nouvelles contraintes du DIF, elle va se voir obligée de coupler le projet d'entreprise avec le projet personnel, si elle veut maintenir et développer les compétences dont elle a besoin.

Certains cabinets ont compris ces éléments : ils se sont déjà positionnés dans cette perspective d'avenir. Et franchement : il était temps !

© Groupe Eyrolles

La subsidiarité administrative, ou le respect scrupuleux de l'incompétence

Selon le dictionnaire, on appelle « subsidiarité » le principe selon lequel une autorité centrale ne peut effectuer que les tâches qui ne peuvent pas être réalisées à l'échelon inférieur. Echelon inférieur évidemment fort jaloux de ses prérogatives : la plus grande partie de nos administrations sont conçues sur ce modèle ! N'avez-vous jamais eu à en souffrir ? N'avez-vous jamais été renvoyé indéfiniment d'interlocuteur en interlocuteur, jusqu'au dernier échelon concerné, bien entendu absent à ce moment là ? Et voilà encore une pratique organisationnelle qui se cristallise en aberration institutionnalisée...

Une pratique insupportable

Ah ! Ces grandes administrations où le principe de subsidiarité se heurte au seuil de compétence – ou d'incompétence – de chaque niveau ! Pensez ! Le niveau du dessus, une fois sa délégation confiée au niveau du dessous – et assortie des millions qui vont avec – se garde absolument d'interférer dans les agissements approximatifs du dit niveau, seul habilité à traiter ce qui dépend de lui, lequel a d'ailleurs déjà subdélégué une bonne partie du « bébé » au niveau suivant.

Et ainsi de suite jusqu'à Ginette ou Marcel, assistants adjoints de 4e niveau (en descendant, bien sûr !), délégués à une mission particulière auprès du troisième adjoint d'on ne sait déjà plus quel maire, député, sénateur, préfet, président de collectivité territoriale, directeur d'établissement

administratif ou autre association sous tutelle. Et c'est là que ça bloque :
le cinquième niveau attend patiemment que Ginette ou Marcel reviennent de leurs trois semaines de congés maladie ou récupération. Le pire,
c'est s'ils sont eux-mêmes dans l'inhibante attente d'une mutation ou
d'un changement de hiérarchie : qui sait de quoi l'avenir sera fait ?
Hein ? Chat échaudé…

Pendant ce temps là, comme aurait dit Lapalisse, le temps passe ; que
vous le vouliez ou non ! Les gens du terrain tournent chèvre, mais n'ont
d'autres recours que de rappeler frénétiquement la sous-secrétaire du
cinquième niveau, désormais seule habilitée à pouvoir délivrer une
information sur la situation : elle est en instance de réception des docu-

ments ad hoc. Quant à Ginette ou Marcel, enfin revenus au travail, ils épurent tranquillement la pile de dossiers qui se sont accumulés pendant leur absence. Traités un par un, avec méthode et rigueur, les fameux dossiers prennent ainsi un retard qui apprendrait la patience à un trader zélé. Mais qu'importe : l'ordre de transmission les a déchargés par avance de toute responsabilité d'information sur le dossier en question.

C'est ainsi, par exemple, que la France reverse à l'Union Européenne des centaines de millions d'euros de subventions inutilisées dans les temps, parce que perdues dans les arcanes d'une subsidiarité qui confine à la fois au « téléphone arabe », à la dilution des bonnes idées, à la castration des décideurs et au désespoir des destinataires ultimes.

Remarquez, dans les entreprises privées, ce que l'on appelle le « parapluie » opère à peu près de la même manière…

Et tant de managers pensent encore que pour libérer l'initiative et rendre les gens autonomes, il faut « laisser faire » et compter les points, en invoquant une sorte de sélection naturelle. C'est une erreur professionnelle et c'est une faute psychologique. En outre, l'expérience finit invariablement dans le recours à l'arbitraire, qui frustre tout le monde et altère les relations de confiance.

Un peu de bon sens !

Et pourtant ! Le principe de subsidiarité, s'il respecte les délégations de chaque niveau, autorise néanmoins le niveau du dessus à intervenir si son action est mieux ou plus adaptée. Or, quoi de plus adapté que de veiller à une cohérence spatiale et temporelle dont tous et chacun ont besoin, et en particulier les citoyens ? C'est tout de même la base de l'efficacité !

En fait, la problématique de la subsidiarité, lorsqu'elle n'est pas institutionnelle, se pose comme celle de l'autonomie. On est en droit d'attendre d'une personne ou d'un service quelconque : d'une part la capacité à recevoir des délégations en en respectant la finalité et les buts, les contextes et les dépendances, les contraintes et les limites ; d'autre part la capacité à manager lui-même l'intégralité des missions qui lui sont confiées, en faisant preuve de toute l'autonomie possible, avec ce qu'elle comporte de forces d'initiative. L'intégration et la gestion adéquate de ce paradoxe entre dépendance et autonomie peuvent même être vue comme une compétence à part entière chez un cadre responsable.

Si l'autonomie correspond, en effet, au fait de se gouverner, de se régir par ses propres lois, faut-il en déduire qu'elle correspond à une liberté absolue et, à la limite, à ce que chacun établisse les règles qui lui sont propres ? Ce serait la confondre avec l'indépendance et l'incapacité à s'intégrer dans un lien de subordination : inutile de dire que cette perspective est étrangère aux exigences d'organisation et d'efficacité collective d'une entreprise comme d'une administration.

L'autonomie requiert, certes, une liberté dans les règles que nous nous donnons pour penser, agir et réagir, mais cette liberté a besoin de s'inscrire dans des règles plus générales. Une personne autonome est celle qui est capable de se régir elle-même dans le cadre de normes qui lui sont extérieures, mais qu'elle a acceptées et intégrées. Elle est capable de les analyser et de les reconnaître comme compatibles avec ses propres besoins ou désirs et les exigences socioprofessionnelles reconnues comme valides.

Il est clair qu'un équilibre est toujours à trouver entre les revendications de l'individu ou des services et les exigences du tout. Les règles communes qu'il a accepté de faire siennes définissent donc et reconnaissent du même coup son autonomie, sa liberté, le champ de sa volonté et de ses possibilités… en même temps que leurs limites. Voilà la subsidiarité bien comprise ! Pour le dire en une formule : c'est notre respect des règles communes qui garantit, en retour, le respect que notre communauté professionnelle a pour les règles que nous nous donnons à nous-mêmes dans notre travail.

On pourrait donc dire que l'autonomie consiste dans le respect libre des règles, au sens large. Le « droit » à l'autonomie ne fait ainsi que créer de nouveaux devoirs, au niveau des responsabilités encourues. C'est d'ailleurs en partie la raison pour laquelle certaines personnes peuvent préférer à l'autonomie… une dépendance sécurisante et irresponsable.

La délégation, qui détermine précisément les règles générales de fonctionnement et d'insertion d'un professionnel dans une organisation est donc la condition de l'autonomie des personnes et de la subsidiarité légitime.

Comment **exploiter** le système… ?

QUELQUES CONSEILS POUR QUE VOTRE DOSSIER AVANCE.

Pour déclencher une réaction :

- Ne téléphonez jamais au responsable, allez voir sa secrétaire… vous en saurez plus.
- Ne menacez pas de passer au niveau du dessus ; vous déclencheriez résistance et rétention d'information.
- Ne traitez pas les difficultés au téléphone : déplacez-vous. Les gens ont besoin de rencontres.

Ne dites pas non plus :

- « Bordel ! Mais qui fait quoi ici ? ! »
- « Passez-moi le responsable ! »
- « Je vous ai déjà appelé cinq fois ! »

Mais faites bouger les choses !

- Jouez de votre réseau d'influences.
- Promettez à la sous-secrétaire du 5e niveau que vous en parlerez au responsable du 4e niveau.

● Faites apparaître à votre interlocuteur un avantage personnel ; c'est encore le meilleur moteur.

Dites, par exemple :

● « Vous êtes indispensables dans ce dossier »

● « Heureusement que nous vous avons ! »

● « J'espère que c'est vous qui continuerez à vous occuper des dossiers sensibles ! »

Prenons un peu de recul

Nous nous souvenons de ce dirigeant, très soucieux d'efficacité, qui nous avait confié son désarroi : « La délégation, quand on en parle, tout le monde sait ce que c'est et en comprend l'importance et les enjeux. Mais quand il faut la mettre en œuvre, personne ne sait faire preuve de professionnalisme ». Et de fait, cela correspond bien à ce que nous avons largement constaté dans des entreprises de toutes tailles et de tous secteurs depuis plus d'une quinzaine d'années. Tentons donc d'être le plus précis possible, afin que chacun puisse en tirer une méthodologie adaptée à sa réalité professionnelle.

Rappelons en quoi consiste le management : il s'agit d'établir des règles claires et communes qui définissent les rapports et les comportements que sont censés développer des professionnels dans l'exercice de leurs activités respectives. Le management établit une structure stable, capable de supporter les variations d'environnement et les adaptations organisationnelles nécessaires. Les règles en question répondent à une formalisation explicite, permettant à chacun d'apprécier avec justesse sa marge de manœuvre, son pouvoir d'initiative et les limites de ses responsabilités.

La délégation, qui détermine précisément les règles générales de fonctionnement et d'insertion d'un professionnel dans une organisation, est donc la condition de l'autonomie et de la responsabilité des personnes. C'est pourquoi il convient d'apporter le plus grand soin à sa définition et à l'écrit qui peut la contractualiser.

En effet, établir ces règles de telle sorte qu'elles ne formalisent ni trop ni trop peu les rapports et les comportements des individus et des équipes relève d'un art, parfois fort délicat. Trop de formalisation produit un effet inhibant et une passivité ; trop peu de formalisation conduit à du flottement, à de la démotivation et à de l'insatisfaction. Comme le disait Theodore Roosevelt : *«Le bon dirigeant est celui qui se laisse entourer par les meilleurs et se retient d'interférer dans leur travail».*

La délégation ne répond pas seulement à la nécessité de répartir les tâches pour arriver plus efficacement et plus rapidement à une fin. Autrement dit, elle ne naît pas de la seule considération quantitative du travail à accomplir. Il est possible d'identifier six objectifs spécifiques de la délégation.

Manager le travail : Nulle activité complexe ne peut être assurée par une seule et même personne, ni d'ailleurs par un seul et même acteur professionnel. Ce dernier doit par conséquent diviser le travail en confiant à d'autres des responsabilités et des pouvoirs. La délégation permet alors au collaborateur de disposer d'un mandat clair auprès de tous les autres professionnels de l'organisation.

Structurer des responsabilités : La délégation est une division du travail qui induit de la collaboration et de la solidarité. Elle structure en effet des rapports de complémentarité, en s'appuyant sur une bonne compréhension du rôle de chacun. Elle permet ainsi de diminuer sensiblement les éventuels rapports de force et d'instaurer une synergie professionnelle bénéfique à tous, où chacun donne parce que chacun reçoit.

Partager le pouvoir : Les missions et objectifs étant clairement définis et compris, la délégation ne doit pas être vécue comme une indépendance, mais comme une autonomie au sein d'une « co-responsabilité ». À cette fin, disposer de règles communes et rigoureuses est le moyen le plus sûr d'une crédibilité renforcée et d'une gestion des rapports professionnels moins arbitraire et plus motivante.

Former les individus : « C'est en forgeant que l'on devient forgeron ». La délégation suscite l'implication et l'investissement d'un individu dans une mission et des objectifs correctement définis. Elle permet ainsi l'acquisition, le perfectionnement et le développement de compétences tant techniques que comportementales.

Faire émerger les potentiels : C'est à l'œuvre qu'on reconnaît les compétences, mais c'est en confiant une responsabilité qu'on discerne les capacités de quelqu'un. Cela permet d'initier une évolution et la formation d'une valeur ajoutée pour l'individu comme pour l'entreprise.

Motiver par la confiance : Enfin, la délégation doit être largement utilisée parce qu'elle renforce le climat de confiance nécessaire à l'exécution harmonieuse des tâches. Elle évite un centralisme souvent paralysant et favorise la prise d'initiatives. Elle permet ainsi de « libérer » les acteurs de l'organisation et a un impact patent sur la créativité et l'innovation.

Quelques règles du jeu

Mais la délégation comporte également un certain nombre de règles du jeu qu'il importe de respecter :

- Savoir d'abord si la délégation est légalement possible d'une part et, de plus, autorisée par sa propre hiérarchie ; certaines missions ou objectifs ne peuvent pas, en effet, être délégués ou subdélégués.

- Connaître le degré de responsabilité qui lui reste dans ce qu'il a transmis et la façon de l'assumer ; une simple délégation de pouvoir, en effet, ne transfère pas au délégataire l'entière responsabilité de l'opération.

- Être sûr des compétences du délégué pour les responsabilités transmises.

- Expliquer en quoi consistent ces dernières en définissant leurs limites et éviter des abus involontaires (ou volontaires) possibles.

- Fixer avec le délégué le degré de « contrôle » éventuel qui sera exercé sur sa nouvelle activité.

- Préciser dans quelle mesure on accepte d'aider le délégué dans ses nouvelles tâches.

- Sanctionner au besoin par des avantages, quels qu'ils soient, le supplément possible de travail demandé (allègement ou suppression d'autres obligations, paye, etc.).

Enfin, il existe entre délégant et délégué toute une gamme de sentiments personnels au premier rang desquels la confiance réciproque est implicitement nécessaire. Le délégant doit être au fait, en lui-même, des motifs qui le poussent à donner ou partager une responsabilité qui était la sienne : s'il s'agit par exemple pour lui de se « débarrasser » simplement de quelque chose qui l'ennuie, il sera honnête de l'expliquer au futur délégué. S'il s'agit véritablement d'un partage, ce dernier le sentira très bien et la communication entre les deux personnes s'en trouvera confortée. On pourrait dire, pour paraphraser un dicton célèbre : « Montrez-moi comment vous déléguez, je vous dirai quel manager vous êtes. »

En définitive, les grands stratèges le savent bien : il faut penser globalement, mais agir localement. L'action locale impose le respect et l'autonomie des services et des individus ; la pensée globale implique une culture commune et une convergence d'intérêts et d'analyse de tous les professionnels.

Si la subsidiarité oublie l'une de ces deux dimensions, elle dérive inévitablement en une insupportable pratique !

Panorama
d'ensemble

« Être roi est idiot ; ce qui compte, c'est de faire un royaume. »

ANDRÉ MALRAUX

La considération des quelques pratiques déviantes que nous avons esquissées nous conduit à jeter un regard d'ensemble sur la situation socioprofessionnelle que nous vivons. En prenant un peu de recul et en observant les climats et ambiances qui règnent dans nos entreprises, il n'est pas trop difficile de s'apercevoir que le stress est devenu le lot quotidien de la plupart des salariés. Un stress qui devient peu à peu insupportable... à tous points de vue ![1]

Une relation contractuelle qui s'effiloche

La notion de relation « contractuelle », normalement fondée sur une stratégie gagnant-gagnant, évolue aujourd'hui vers des formes plus systé-matiquement précaires. La versatilité des comportements d'entreprise et la concurrence interne exacerbée sous prétexte de « management de la performance », assommé de reporting formel, rendent fluctuant le mini-mum de sérénité requis pour un travail épanouissant.

Même sur un plan strictement professionnel, une culture de partage est incompatible avec une compétition et une concurrence interne chaque jour exacerbées. « *Nul royaume ne peut tenir s'il est divisé contre lui-même* », dit une sagesse populaire ; et cette concurrence se fait toujours naturellement aux dépens des plus faibles. Or on trouve toujours, tôt ou tard, plus fort que soi !

Prenons-en pour preuve les difficultés et les tabous parfois considéra-bles suscités par la simple notion de « partage » des connaissances ! La notion de guerre, appliquée à l'économie, a transporté dans bien des cas ses connotations et ses pratiques au cœur des relations professionnelles,

---

1.   Selon une étude réalisée en 2004 par deux économistes de la santé, Sophie Béjean et Hélène Sultan-Taïeb, chercheuses à l'université de Bourgogne, sur l'impact financier de certaines pathologies professionnelles dues au stress, on obtient les résultats suivants : « le coût du stress représente entre 14,4 % et 24,2 % des dépenses totales de la branche accidents du travail et maladies professionnelles de la Sécurité sociale », explique Mme Béjean. « Le coût médical représente à lui seul 413 millions d'euros, et l'absentéisme est évalué à 279 millions d'euros. » En outre « le stress serait à l'origine de 50 % à 60 % de l'ensemble des journées de travail perdues ».

rendant l'avenir des personnes plus incertain et plus fragile encore. Les chantages à la délocalisation sont d'ailleurs apparus de façon ouverte et officielle... et presque systématisés.

La manière de regarder la vie professionnelle a évolué fondamentalement. On peut préciser ce constat selon trois axes principaux :

• Le problème de la fidélisation des salariés se pose de manière accrue, au seuil du départ en retraite des papy-boomer. Des salariés qui ont compris le système, refusent de le subir, et agissent envers leur entreprise comme leur entreprise agit envers eux. Cette volonté de donnant-donnant s'est déplacée, sous le coup d'une exigence accrue de flexibilité des emplois, d'une relation contractuelle maîtrisée à un rapport de force... dont la culture d'entreprise a fait les frais, au grand dam des dirigeants qui tachent de récupérer la sauce en érigeant, comme tirées du chapeau, de grandes « valeurs » communes.

• Les comportements socioprofessionnels sont en pleine phase d'évolution, notamment chez les jeunes générations : chacun a compris que les choix « professionnels » devaient s'intégrer dans un choix de « vie » plus global. Terminé l'investissement personnel à pensée unique qui nous fait nous réveiller à 50 ans, citron pressé, licencié et avec des enfants adultes qu'on n'a pas eu le temps de connaître. N'en déplaise aux chantres d'un libéralisme mal compris : ce n'est pas du tout le travail qui a perdu sa valeur aux yeux de nos contemporains, c'est l'entreprise elle-même, son mode d'organisation, de fonctionnement et de management.

• Sous la pression d'une tyrannie économique exponentielle et des concentrations en tout genre, les effets collatéraux du néolibéralisme ont amené un désenchantement des professionnels. Quand l'économie devient la finalité unique d'hommes instrumentalisés à son service, elle finit par **_détruire son objet_** : comptes falsifiés, actionnaires ruinés, fond de pension en faillite, employés licenciés, rémunérations délirantes des patrons, malversations et corruption, en sont l'ultime salaire. La triste lecture de nos journaux quotidiens suffit à s'en persuader. Il faut malheureusement enfoncer des portes ouvertes et rappeler que l'économie est faite pour l'homme et non l'homme pour l'économie, sous peine de détruire l'homme... et l'économie elle-même !

Il faut comprendre que le modèle du travail, tel que nous l'avons connu depuis un siècle, est en train d'évoluer profondément. Et de fait, certains n'hésitent plus à remettre publiquement en cause la notion de droit du travail garanti par l'Etat : ils voudraient que chaque secteur, voire chaque entreprise, décide de la forme d'emploi qui lui convient au coup par coup ; de la durée du temps de travail ; du niveau d'information des représentants du personnel, etc., hors toute contrainte législative et juridique. Bref : la pratique de l'emploi à flux tendu, comme pour les objets consommables et les fournitures. Un certain nombre de spécialistes estiment même que « le travail salarié » n'aura été qu'un court moment dans l'histoire des entreprises : sa fin approcherait à moyenne échéance.

Vers une gestion individuelle : les free men

L'idée est encore osée, mais il est clair que nous pouvons en observer tous les signes avant-coureurs. Pour faire face à cette précarisation accrue de l'emploi, les individus ont de plus en plus la prudence de se construire un parcours professionnel dans lequel les différents métiers et fonctions exercés successivement permettent de capitaliser des compétences génériques et des expériences complémentaires. La variété des réseaux développés sert aussi une approche plus globale du marché du travail. Avoir plusieurs cordes à son arc est, plus que jamais, un atout appréciable pour ne plus subir les *unbearable practices* !

Nous sommes bien loin, désormais, de la problématique du simple « gagne-pain » qui prévalait encore il n'y a pas si longtemps dans certaines motivations professionnelles. Le strict rapport contribution/rétribution est à envisager aujourd'hui sur une dimension et dans une profondeur bien plus importante que le traditionnel travail/salaire. Il convient, pour ne pas subir des systèmes de plus en plus déshumanisants, de développer une véritable stratégie personnelle à long terme, intégrant tous les aspects de ce qu'il convient d'appeler : un choix de vie. Pour le dire autrement, la question n'est plus : « qu'est-ce que je veux faire ? », mais : « quelle vie est-ce que je désire ? ». Et les exigences de cette « vie » pilotent des passes professionnelles multiples et variées ; parfois jusqu'à intégrer des périodes de chômage : ce n'est plus une honte, ni forcément un handicap. Il s'agit, au fond, de transformer une incertitude incapacitante – souvent confondue avec la précarité – en une gestion de risques plus stimulante.

Encouragements

Cela étant, une fois sorti des raisonnements d'ensemble, une fois reconnecté à la réalité psychologique, il reste l'incertitude pour les personnes, quoi qu'on y fasse, et les peurs qui vont avec… C'est une situation nouvelle pour les seniors, dans l'ensemble assez mal vécue ; les jeunes qui arrivent aujourd'hui sur le marché du travail sont plus au fait de la chose et adaptent mieux, par la force des choses, leurs comportements.

Mais il semble important de bien prendre la mesure de ce phénomène, qui se traduit parfois dans les urnes, à la surprise de tous, que ce soit dans un sens ou dans un autre (et ce n'est pas du tout une question de coloration politique). Car la peur – comme moteur de l'irrationnel – n'est jamais bonne conseillère pour la démocratie.

Il ne s'agit néanmoins pas pour nous de tomber dans l'extrême inverse – alter-mondialiste en l'occurrence – : le contraire d'une dérive insupportable ne nous garantit pas la vérité. Contentons-nous déjà d'introduire dans nos modes de fonctionnement et de management un peu plus d'humanité et de respect des personnes. Ce n'est aucunement contradictoire avec une économie libre, bien au contraire ! C'en est l'enjeu le plus profond, et peut-être le plus caché, en tout cas l'origine même de ce qu'on nomme souvent un peu rapidement « libéralisme ». Car loin des grands mots vidés de leur sens et des idéaux tellement mondialisés qu'ils ne dépendent jamais de nous, c'est peut-être bien chacun, chaque directeur, chaque manager, chaque collaborateur, à chaque niveau, qui a en son pouvoir une qualité relationnelle et humaine à développer.

Et cela, c'est encourageant.

Et si nous devenions de vrais libéraux ?

L'actualité nous le montre de plus près chaque jour : la prospérité ne vaut et ne tient... que dans la sécurité des personnes et des biens. Ceci suppose de prendre garde à éviter l'insupportable ! Les entreprises ont parfois tendance à l'oublier, dans leur recherche de rentabilité maximale.

Sans aucun doute la recherche du « bénéfice » est-elle une cause nécessaire du développement. L'entreprise occidentale est une entreprise « économique », elle doit donc réaliser du profit pour intéresser ses actionnaires. Mais rappelons que le « profit » ne s'assimile pas au bénéfice. Le profit sert la prospérité de l'entreprise et peut se traduire de multiples manières : investissements, embauches, augmentation du savoir-faire, soutien du tissu partenarial, créativité de produits et de process, etc. Le bénéfice finance le profit, à condition que les actionnaires fassent preuve, précisément, d'une volonté et d'une logique de « développement ». Ainsi, ce que l'on appelle « prospérité » ne saurait se concevoir sans les autres ; tous les autres : les actionnaires et les employés, les clients et la cité[1]. La recherche du bénéfice maximal s'obtient toujours, elle, aux dépens des autres, et en particulier des plus faibles. Le profit est durable ; le bénéfice est ponctuel.

Il est aisément constatable que les acteurs politiques, économiques et mêmes sociaux – de quelques colorations qu'ils soient –, prennent leurs décisions sur la base des valeurs économiques dominantes, parce qu'ils n'ont plus d'autres alternatives. Ces valeurs « pragmatiques » – façon de confesser qu'en fait nous les subissons – sont imposées par la progres-

---

1. *Cf. « RH fiction et réalités »*, Éditions d'Organisation, 2005.

sion exponentielle et conjuguée des techniques, des technologies et de la mondialisation de l'économie. Le problème concret est qu'elles laissent en plan des pans entiers de la réalité et de l'humanité.

Certains s'efforcent de penser que le fait d'être regardé comme une pure ressource économique comporte des compensations matérielles qui devraient suffire à nous satisfaire. Et certes notre situation occidentale est enviable... Mais au contraire, tout se passe comme si l'impressionnante facilité que nous avons de satisfaire indéfiniment nos besoins matériels mettait en relief, par contradiction, l'acuité d'un désir de relation et de reconnaissance humaine plus authentique, plus réelle. Le désir d'être regardé(e)s pour nous-mêmes, et pas seulement pour le moyen que nous représentons.

Néanmoins, pour l'instant, nous nous y adaptons tant bien que mal. La question est de savoir si c'est durable, et dans quelles conditions, à l'échelon mondial... car la violence croissante des laissés-pour-compte, par exemple, n'est pas un message tout à fait indifférent pour l'avenir. Une chose est sûre : l'accroissement durable de la richesse suppose une répartition équitable de cette richesse.

Nous nous trouvons, suite à l'effondrement des modèles collectivistes, dans une situation qui n'est pas sans rappeler le XIXe siècle, au cours duquel l'apparition du capitalisme moderne a provoqué la naissance du communisme et la montée des nationalismes, avec les multiples conséquences que l'on sait.

Le capitalisme – et la liberté du marché qu'il suscite positivement – est aujourd'hui le seul modèle qui permette de parvenir à une certaine prospérité, et d'ailleurs à un certain niveau de démocratie. Mais les inégalités colossales qu'il développe s'accompagnent aussi de tensions sociales nationales et internationales qui pourraient bien dégénérer en nouvelles idéologies politiques ou religieuses de nature communautariste. On en connaît la violence : là où le marché se fait au dépens des personnes humaines – voire des peuples –, l'explosion est latente.

Nous avons rappelé dès l'introduction de cet ouvrage combien la nécessité concurrentielle mondialisée nous plongeait dans un climat de guerre économique. C'est un d'état de fait, de trame de fond et de réalité avec laquelle il nous faut bien vivre : nous n'avons pas le choix. Ce contexte constitue assez naturellement le lit des insupportables pratiques que nous avons dénoncées.

Mais l'idée que la dérégulation maximale et totale permettra d'arriver au plus grand bien-être de tous est une idée fausse, parce qu'elle méconnaît la nature humaine. Et le temps de contourner l'ensemble des excès, convoitises et déviations inhérentes à cette nature – imaginons-le, en théorie, à long terme –, nous serons tous morts, ainsi que le faisait remarquer Keynes. Prenons-en pour simple preuve un rapport de l'UNDP faisant état du fait que les revenus de cent pays en voie de développement ont été ramenés à leur niveau d'il y a dix, vingt ou trente ans, selon les cas. C'est un scandale sans précédent ; et le contrecoup de cette mondialisation qui réduit tant les distances, c'est que le bruit s'en fait entendre aux portes de nos sociétés, et de nos entreprises. Il y a bien là un terreau de colère, donc de violence, dont tous les terrorismes veulent se faire les catalyseurs, mais qu'on ne vaincra au demeurant jamais par la guerre, il faut désormais s'en convaincre.

Seule la primauté reconnue, instituée et assumée du bien commun politique et social sur la pure tyrannie de « l'économique » livré à lui-même, nous permettra d'inverser la tendance. Peut-être éviterons-nous de passer aussi facilement de la guerre économique à la vraie guerre...

Peut-être faudra-t-il aussi inventer à l'avenir une « gestion des personnes humaines », ou une « gestion du Bien Commun », renouant par là avec ce que l'on appelle « le politique » : c'est-à-dire l'art de veiller au bien du « tout », tout en permettant à chacun d'y trouver sa place et de s'y accomplir.

L'intérêt même de notre développement va devoir prendre en compte une réalité plus globale : ce peut être l'effet le plus positif de la mondialisation... pourvu qu'on élargisse un peu son angle de vue, à savoir que l'on préfère la logique du « toujours mieux », à celle du « toujours plus ».

Pour aller de l'avant : travail et amitié ?

> *« La grandeur d'un métier est peut-être, avant tout, d'unir des hommes. »*
>
> SAINT-EXUPÉRY

Quelques questions de fond nous animent encore, à l'issue de notre propos, sur lesquelles nous souhaiterions attirer votre attention, tant elles peuvent renvoyer au meilleur comme au pire, à l'insupportable : le travail moderne est-il incompatible avec l'amitié entre les personnes qui s'y côtoient ? En effet, comment travailler ensemble et collaborer efficacement sans un minimum d'amitié ? Qu'appelle-t-on alors « l'amitié » ? Il nous semble que ces questions représentent un enjeu non négligeable pour la qualité de nos journées et de nos activités professionnelles.

En cette matière aussi, l'insupportable a vite fait de rejoindre le quotidien, même si c'est d'une manière plus sourde, plus diffuse mais aussi plus constante et lourde à porter : parce que la concurrence a fini par pénétrer l'intimité des relations humaines. Comme nous l'écrivions en conclusion *d'Insupportables collègues*[1], la tentation est grande de renvoyer à l'autre l'indifférence totale dont nous sommes nous-mêmes l'objet. Définitivement désillusionné(e) sur la nature humaine, encouragé(e) par le milieu professionnel lui-même, on verse vite dans une impassibilité de fond, un cynisme poli par lequel nous ne voyons plus nos contemporains que sous le rapport où ils servent ou non nos propres intérêts. Une étrange froideur s'empare lentement de nos consciences,

---

1. Éditions d'Organisation, 2004.

s'installant progressivement en nous-mêmes à la manière d'un anesthésiant qui glacerait peu à peu notre sensibilité et notre bon sens. C'est ce processus d'engourdissement clandestin que le grand poète allemand Reiner Kunze désigne sous le nom de *pétrification*. Une fois ce processus achevé, nous sommes devenu(e)s aveugles et sourd(e)s, parfaitement indifférent(e)s et insensibles aux êtres qui nous entourent. C'est d'ailleurs cette insensibilité qui apparaît aux yeux du poète comme la marque la plus essentielle de la barbarie ; la brutalité et la cruauté n'en sont que les conséquences les plus atrocement logiques... et insupportables !

Impossible pratique ?

Voyons tout d'abord toutes les divergences possibles entre le travail et l'amitié ; tous les obstacles qui se posent ou peuvent se poser à nous dans ce qui apparaît comme un exercice délicat, parfois périlleux.

Tout n'est-il qu'intérêt ?

Les mœurs d'entreprise, sous la pression croissante du marché, ont évolué vers une tension et un stress accrus ; « l'univers impitoyable » s'est transporté en leurs seins, donnant inévitablement aux relations humaines une connotation plus marquée par l'impératif opérationnel que par une bienveillance mutuelle. Autrement dit, le business et ses exigences sont d'abord marqués par l'intérêt particulier et la poursuite d'un résultat qui poussent bien souvent à instrumentaliser ses collègues et collaborateurs, tandis que l'amitié requiert une dimension de gratuité et de recherche de l'autre. Il y a certes un intérêt dans l'amitié, mais c'est l'autre lui-même qui représente cet intérêt, et non autre chose qui puisse se posséder. Écoutons Montaigne : « *Si on me presse de dire pourquoi je l'aimais, je sens que cela ne se peut exprimer qu'en répondant : "Parce que c'était lui, parce que c'était moi".* » La désuétude même de ce propos dans un milieu professionnel ferait sourire... et pourtant ?

Tout n'est-il qu'ambition ?

Le mode de fonctionnement de nos entreprises exige bien sûr un investissement personnel très important, qui focalise une grande partie de notre énergie et de notre champ de conscience : on pourrait appeler cela l'ambition. Celui ou celle qui ne se tient pas à la fine pointe de l'ambition finit, dans les faits, par s'exclure de la course à la « réussite » professionnelle. Or l'ambition amène toujours à considérer, dans la pratique, qu'en définitive la fin justifie les moyens (parfois ambigus) ; tandis que l'amitié repose sur l'évidence que seuls des moyens respectueux et féconds en eux-mêmes conduiront à une fin commune. Entendons Saint-Exupéry : « *Force ces hommes à bâtir ensemble une tour et tu les changeras en frères. Mais si tu veux qu'ils se haïssent, jette-leur du grain.* » L'obsession de la performance à tout prix et l'exacerbation de la concurrence interne ne ressemble-t-elle pas au grain jeté ? Et que dire des parts variables ?

L'incontournable subordination

Si l'on regarde ses caractéristiques les plus incontournables, on voit bien que l'amitié demande une certaine égalité entre les personnes, ainsi qu'une bienveillance mutuelle. Dans le domaine professionnel, les liens de subordination font difficilement bon ménage avec cette exigence ; comment fixer un objectif de résultat à un(e) ami(e), avec toutes les pressions, menaces et promesses dont il est désormais coutume de les assortir ? Par ailleurs on connaît bien les avatars et complications du manager « copain ».

Si l'on prend les choses par l'autre bout, côté subordonné, la réalité n'est pas plus facile : nous nous persuadons souvent d'aimer les gens plus puissants que nous ; et néanmoins c'est l'intérêt seul qui produit cette intention. Nous ne cherchons pas à venir à eux pour le bien que nous voulons leur faire, mais pour celui que nous en voulons recevoir.

Et pourtant, écoutons Ben Jonson : « *On gagne plus par l'amitié et la modération que par la crainte. La violence peut avoir de l'effet sur les natures serviles, mais non sur les esprits indépendants.* » Que dirait-il du management par le stress ? !

Vous avez dit collaboration ?

Si nous abordons la question du rapport entre collègues, nous pourrions penser qu'un rapport d'égalité et de symétrie aurait tendance à créer plus spontanément de la sympathie. Néanmoins, les conditions de l'amitié n'en sont pas nécessairement plus favorables.

En effet, la prudence carriériste et les stratégies de positionnement impliquent souvent de savoir manier l'enthousiasme artificiel du gain partagé... et les peaux de bananes des virages opportuns ! Telle cette réplique, dans le film « *Le Parrain* », de l'ami de toujours ayant finalement comploté d'assassiner : « *Dis bien à Michael que ce n'était pas contre lui : ce sont les affaires.* » Il y a évidemment bien des manières politiquement correctes « d'assassiner » un collègue fidèle.

La confiance sous contrôle

La réalité des vies professionnelles d'aujourd'hui, bien plus qu'hier, exige une autonomie individuelle plutôt qu'une solidarité collective, un individualisme multicarte plutôt qu'une réussite d'équipe. Là où président le calcul et la stratégie, comment vivre sans fard et livrer à l'autre jusqu'à ses propres armes, pour les mutualiser ? Comme le dit un proverbe arabe : « *Ce que ton ennemi ne doit pas apprendre, ne le dis pas à ton ami.* » Il est fort difficile de construire une amitié sur un tel précepte, du moins si l'on veut goûter la saveur et la douceur de ses fruits. Il est en effet fatigant d'être toujours sur ses gardes ; et les fréquentations sous surveillance finissent vite par perdre leur charme. « L'utile » ne produit jamais le repos que seul procure « l'inutile ».

L'aliénation de la personne

Enfin, il est aisé de constater que le groupe aliène toujours l'individu, surtout lorsque cet individu dépend du groupe pour la gestion de ses intérêts particuliers. Chacun adopte alors une certaine relation vis-à-vis de lui-même et joue un personnage. Qui n'a pas été surpris en rencontrant un(e) collègue, un(e) collaborateur(ice) ou son(sa) directeur(ice) dans un autre contexte que le travail ? On se demande parfois si ce sont vraiment les mêmes personnes, tant la distance qui les sépare de leur personnage officiel est grande !

Dans ce contexte, la possibilité d'établir une amitié vraie paraît fort difficile ; seule une amitié de circonstance semble possible, qui cesse dès que s'estompe l'intérêt mutuel des personnages.

Et pourtant, écoutons Joseph Conrad : « *Je n'aime pas le travail, nul ne l'aime ; mais j'aime ce qui est dans le travail l'occasion de se découvrir soi-même, j'entends notre propre réalité, ce que nous sommes à nos yeux, et non pas en façade.* » Est-il encore possible que le travail ouvre une telle perspective de « révélation » des personnes, qui tisse des amitiés véritables, telles celles dont nous parle également Saint-Exupéry ? N'est-ce pas le privilège de quelques métiers très marginaux ? Voici des questions importantes, qui méritent d'être explorées.

Encore un peu de recul

> « *Toutes les grandeurs de ce monde ne valent pas un bon ami* »
>
> VOLTAIRE

Il faut ici être clair : les obstacles que nous avons décrits ne sont pas tous propres au milieu professionnel. Que chacun regarde, pour s'en convaincre, ce qui se passe dans sa famille, dans son club de sport, dans son conseil municipal... ou à l'amicale des « anciens de quelque chose » ! La nature humaine n'est spontanément ni bienveillante, ni encline à la gratuité et à la transparence. Comme le disait le Duc de la Rochefoucauld, avec un certain dépit : « *Ce que les hommes ont nommé amitié n'est qu'une société, qu'un ménagement réciproque d'intérêts et qu'un échange de bons offices ; ce n'est enfin qu'un commerce où l'amour-propre se propose toujours quelque chose à gagner.* »

L'exigence d'amitié

Or nous pensons qu'il est possible d'entendre les choses autrement, sans que la fatalité décrite par La Rochefoucault n'acquière cette nécessité morbide qui nous laisse tous si seul(e)s devant nos miroirs.

Nous pouvons au contraire définir les caractéristiques incontournables de l'amitié de cette manière : au-delà des simples affinités de sympathie et de camaraderie, l'amitié relève de quelque chose d'*inconditionnel* fondé sur une bienveillance (bien-veillance : vouloir et veiller au bien de l'autre) mutuelle et sur une communication de ce que nous vivons d'essentiel au quotidien. Cette communication fonde non une identité

BUSTO 2006

© Groupe Eyrolles

entre les ami(e)s – toute différence *« les augmente au lieu de les léser »*, comme le dit encore Saint-Exupéry –, mais une communauté de liberté, de sérénité et de « repos véritable » que l'on ne rencontre plus guère ailleurs.

Le « business »… Et alors ?

Ce que l'on peut dire du milieu professionnel actuel, c'est que les exigences et les conditions de travail et de « réussite » exacerbent aujourd'hui davantage le mauvais côté de la nature humaine que le bon : par un biais ou un autre. Il n'y a qu'à écouter les discours des recruteurs et des employeurs : il s'agit d'une guerre, et il n'y a jamais de guerre propre. Cela, on le sait définitivement, et à tous niveaux, avec ou sans effusion de sang ! L'ensemble des obstacles que nous avons décrits relève de ce constat.

Et s'il est vrai que toute entreprise humaine travaille à faire un homme en même temps qu'une « chose », il semble bien que la finalité de l'économie de marché livrée aux strictes règles ultralibérales – ou plutôt à l'absence de règles – n'en tienne plus aucun compte. Ce qui est en cause n'est pas l'économie libérale elle-même, qui est probablement le moins mauvais des systèmes, c'est aujourd'hui sa dérive désormais inévitable en libéralisme sauvage : de manière institutionnalisée, et non plus anecdotique, il instrumentalise l'humain en un objet, en un pur « moyen » dont la fin l'indiffère.

Alors que l'homme n'est plus la finalité de l'économie, le travail peut-il encore être un lieu d'amitié ? Car travailler à l'amitié, c'est travailler à l'homme !

Un homme, une femme, dont on dit qu'ils sont « LA » ressource fondamentale…

Voilà un questionnement – en forme d'altermanagement – qui devrait être au cœur, non seulement de toutes les politiques RH, mais également de toutes les directions et de tous les investissements responsables.